用說話改變人設的最高口才訓練法

從聲音、邏輯到情商，
一開口就動聽的7堂流利表達課

「流量百萬」的說話之道！

陳慕妤／著

目錄

第三章　說話的硬底子基本功

第四章　升級表達思維與修辭

第五章　語言組織力與口條養成

第六章　尬聊退散！贏得好感聊天術

第七章 說話情商課

前言
掌握說話的力量

想一想下面這幾個問題：

在生活當中，我們需要說話的時刻多不多？

這些話說得好不好，會不會對我們造成相應的影響？

如果我們有意識地提高表達能力，練就一副好口才，是不是能更主動應對各種情況？

我相信答案一定都是「yes」。事實上，說話對於每一個人的重要性已經毋庸置疑。問題是，很多人卻沒有針對性地去鍛煉自己的口才。這些人一旦覺得自己的口才不好，就幻想自己可以輕易地從各種口才書裡獲得有效的指導。不會找對象，就去看愛情類的理論；不會人際溝通，就去找教導溝通的讀物；不會表達，就去閱讀各種「好好說話」的書籍。

然而看完之後呢？出來的效果，總是不好。為什麼會這樣？

因為那些書籍並沒有教你口才的核心要素。它們只是授人以魚，沒有授人以漁。好比你要跟異性聊天，那些愛情類的說話書籍只是教導你要懂得哄對方開心，適時說一些玩笑話來緩和氣氛。然後你就背下幾個材料，希望跟心儀對象相處時拋出來，引對方發笑。結果呢？尷尬了。

不是說出來感覺生搬硬套，就是連把笑話說出來都很困難。面對這種情況，最正確的方式，就是由內而外養成充滿幽默感，知道如何隨時隨地、因人因事就能將玩笑脫口而出，藉此自然而然地營造談話氣氛。

市面上很多關於口才的書籍，往往只告訴你怎麼做，卻沒有告訴你原因。這種講述方式不是不好，但如果你想看完就有效果，那麼運用說話技巧的能力就會是前提。缺少這種能力，就算看了再多書很難有實質提升；如果具備這種能力，掌握任何技巧就只是彈指之間。學會這種能力，才能夠徹底地解決你不會說話的問題。

那麼，運用這些說話技巧的能力從何而來？這需要你從口才的開始練習基本功。而這本書，就是為此而生。

這本書的知識，全都經過實踐和驗證。結合了外部理論，也提供了個人經驗。但跟其他口才書不同的地方在於，本書提供的理論和經驗方法，可以解決基本功的問題，從核心口才要素這個點來幫助你提高說話能力。

換句話說，看完這本書，如果你以後遇到某些說話上的問題，就能針對性地運用書中方法去學習改善。這好比我們在掌握了基本駕駛技能之後，無論開什麼車都能輕易上手。因為阻礙提升的核心要素已經解決了，剩下的事情，只需投入時間去練習而已。

本書一共有七個章節，但整體圍繞著四個部分講述。

第一部分，口才的概論。

這部分讓讀者知道好口才是什麼樣子，又該具備什麼條件，以及口才的局限或缺點。只有知道這些，讀者才能針對需求而目標性地鍛煉自己、提高自己，而非盲人摸象，看不到整體，把時間浪費在不必要的地方。

檢視目前自己在口才方面的欠缺，你或許就能知道該朝著哪個方向去努力了。

第二部分，口才的基本功鍛煉。

有些人能說話，卻不能「說好話」，不是說得磕磕絆絆、不通順，就是連一些基本的說話能力都無法展現。這種口才自然會影響表達效果。因此基本功的練習，對於提升口才顯得非常重要。如何克服緊張，讓自己講話更順暢；如何提升語言組織的能力，表達的邏輯思維如何培養；如何才能發揮幽默等，都是這部分要講述的。

擁有好的基本功，才能讓口才發揮出應有的作用，而非在茶壺裡煮餃子——有貨倒不出！

這一部分是全書最重要的內容。

第三部分，提升與人聊天的能力。

學習口才，最終還是要落實在與人交流。但如何交流才能讓建立友好的人際關係？這就是一門學問了。

儘管很多人很樂意與人交流，卻從來不知道如何打破冷場，建立進一步關係。如果你是這種人，學習跟人好好聊天，或許能幫助你表達得更好。當然，不是每個人是好的聊天對象，有時候，某些人會無緣無故針對我們、出言不遜地傷害我們，我們可不能任由他們主宰情緒，所以學會怎麼反擊，也是聊天能力的一部分。

這部分的內容，會讓你有更好的聊天交流。你不懂開啟話題與人聊天，本書會告訴你答案；你不懂跟異性聊天，無法發揮幽默，本書也會告訴你；我也會教你被針對時如何反擊；甚至你害怕冷場，或害怕找不到話題，在這部分也能找到相應的建議。

第四部分，掌握高情商的說話技巧。

情商對於溝通的重要性不言而喻，但不是每個人都知道怎麼才算高情商說話，又如何學會高情商說話。高情商，並不是虛情假意地說一些言不由衷的話語，而是說話方式的調整。當懂得如何調整自己的言辭表達，你就能更好地與人溝通，從而獲得更好的結果。學會高情商說話，你的口才便可以如虎添翼。

從整本書的章節安排來看，學習口才的流程就是先理解什麼好口才，然後學會訓練口才的基本功。有了基本功再圍繞聊天的技巧，知道如何讓自己有話可說、有話可聊。掌握了上述一系列的能力，最後就來到高級的情商溝通技能，理解情商如何影響我們說話，又如何提高情商，從而最終提高說話能力。如果你受夠了無話可說的鬱悶，厭倦了沉默寡言的痛苦，甚至一度錯失跟心儀對象聊天的機會，看完本書後這些問題將迎刃而解。希望你看完這本書，從此掌握說話的力量，擁有自如表達的本事。

第一章

好口才的定義？

口才是邏輯思考、溝通力、幽默感、情商的總和，並非主觀認定，而有客觀標準。本章將指明口才訓練的基本方向，告訴你高手之所以是高手的原因，以及學習之路的誤區。

1 口才高手的共通特質

定義一個人「會說話」是一件非常困難的事情。因為在某些場合，你可能會滔滔不絕、猶如黃河氾濫一般不可收拾地高談闊論；然而到了另一些場合，你也許就變得呆若木雞、啞口無言，想發表觀點，腦海卻一片空白。難道我能說你「不會說話」嗎？當然不能！

會說話的人不一定在所有場合都能說出讓人耳目一新的長篇大論，但如果他身處不熟悉的場合、面對不熟悉的人，也能在有必要時敢於用最恰當、最得體的話語來顯示出自己的價值，取得某些溝通效果。

以下介紹的這些特質，會說話的人大概都有。不妨對照一下，看看自己是否掌握了這些特質，接著再針對改善。

■口齒清晰、說話流利

這是說話的基本功。一個會說話的人，說的話語一定能讓人聽得清楚、聽得明白。如果含含糊糊、中氣不足，讓聽的人一頭霧水，那麼就得繼續練好這個基本功。

有這樣一個故事：古希臘的雄辯家狄摩西尼天生口吃，說話含糊不清，年輕時想參加當地議會的辯論，但被人嘲笑。他為了改掉自己這個缺點，便含著小石子大聲朗讀演講稿、辯論稿，最終成為一名出色的雄辯家。

有一位主持人口才了得，有次到大學裡演講，台下有學生問他怎麼鍛煉口才，他回答說，想要鍛煉口才一定要練好基本功，無時無刻都要讓自己有一種說話的欲望。他舉例說自己以前看到一些看板、商店的名字，甚至是衣服上的標籤，都會念出上面的文字，看到就念，念到流利為止。

上面的例子告訴我們，持續鍛煉一段時間，你的口腔肌肉就會發生變化，正如你堅持健身，身體就會產生變化一樣。所以，如果現在你說話還不是很流利，容易卡住、聲音細小，那麼就從大聲朗讀開始練起，糾正這個說話的弱點。

豐富的表達能力

什麼叫做表達能力？簡單來說，就是能把思想恰如其分地傳遞給受眾的一種說話能力，即表達能力。

想的跟說的不太一樣，那就表示還欠缺了表達能力。會說話的人通常能把自己想說的，用正確的言辭透過嘴巴輸送出來，而且不會單一呆板。怎麼說呢？同一個意思，你能用不同的句法表達嗎？例如，讚美女生長得漂亮，單純說「長得漂亮」沒什麼問題，卻很普通。表達能力強的人通常會換個方法，像是「你簡直比一百個范冰冰還要好看啊」、「如果這個世界有仙女，那麼站在我眼前的你，就是其中一個」、「長久以來，我都認為身邊的女生都長得普普通通，直到我遇見你。你一定知道沉魚落雁、閉月羞花這些成語是什麼意思，但拿來形容你，還遠遠不夠」。

也許你會覺得這些表達有點做作，聽起來太誇張。但這也說明了，會說話的人絕對不會局限於一種表達方式。假如一種說法表達不出自己的意思，或者會讓人聽起來不舒服，那他會用其他說法去表達同一個意思，直到對方能夠明白、接受。好比你忘記egg這個單字，要如何跟外國店員表達想吃這個東西？可以說「It's round and hen's kid.」（是圓的，母雞生的）。有些人總覺得自己說不出有趣的話，就是因為沒辦法換句話說，換來換去都差不多，其他人自然覺得無聊。

增強表達能力，你就會變得越來越會說話。卡內基在《語言的突破》（*The Quick and Easy Way to Effective Speaking*）一書的最後，給出了相應的學習方法。

林肯背誦莎士比亞名劇中的對話，經常熟讀拜倫的詩；英國詩人騰尼遜每天朗讀《聖經》……，這些都是給自己的文辭滋潤的方法，多從文學作品裡學習，積累自己的表達詞彙；看到好的詞句多念幾遍、複述出來；也多留意別人怎麼說話，並且思考他們如何表達意思，從而豐富自己的表達。當然，你也可以系統性地學習一下修辭學，或者幽默的表達技巧。你會知道，誇張的說話手法如何運用，暗示的方式又如何傳達意思。

穩定的心理素質

在說話上，如果心理素質不夠穩定，那麼會很容易被外界因素影響。你有過這種經驗嗎？跟朋友聊天，說著說著，朋友突然不看你，玩起手機，甚至轉頭跟其他人說話，你瞬間被冷落在一旁，這時是不是無所適從、不知所措？

因為這不是你大腦預想過的情況。結果真的發生之後，大腦反應不過來，於是你就愣住、陷入尷尬。這時想繼續跟朋友說下去，也不得其門而入。這就是心理素質不夠穩定的表現。

心理素質穩定則不會把這些情況視為問題。你說話時朋友突然玩起手機、不看你，那就先暫停，等對方處理好事情再若無其事地說下去就行了。這就是情商的表現。心理素質穩定甚至強大的人，不容易被外界影響行事節奏，因為他們覺得自己說出來的話有價值。平常跟人聊天似乎沒那麼重要，一旦被打斷，我們就會心想「繼續說下去也沒什麼意思」，於是索性不說。這就是被外界影響了表達欲望。要是有人無故罵了你的父母，你找他說理，會因為對方不讓我們說，或不理睬就閉嘴嗎？一定不會！

穩定心理素質的前提，就是對自己說出來的話充滿信心，很清楚自己說的是什麼，對於表達的觀點和中心思想非常了解透徹。說到一半去上廁所，回來還能接著說，否則隨便別人一打斷，回過頭來，你都不知道自己在說什麼了。

要是連你都認為自己說的話都沒中心、沒力量，那麼就很容易被外界影響。想一想，你站在台上演講時，才說一句就聽到觀眾的笑聲，於是你洩氣、說不下去，這時是什麼感覺？對於自己說話的內容一定要有強烈信心，你要說一定有說出來的理由。穩定的心理素質，就是有自我肯定的強大信心。這一點我會在之後的章節中細說。

有了這種心理素質，即便處於一個什麼都不懂的場合，遇到別人找你聊天，也可以很鎮定地回答：「不好意思，我對這方面不是很了解，不過在我看來，這個情況應該是這樣……不知道我說得對不對？」而不是：「啊……呃……這個……」嚇得說不出話來，然後狼狽而跑。

口才的基本功有如健身，心理素質自然也要健身。前者還能待在家裡鍛煉，後者就需要走出去鍛煉了。

靈活的思考能力

思考，是說話的核心。你思考得不順暢，說話自然就不順暢；連怎麼說都不知道，那就遑論表達自己的思想了。所以清晰的思考，是語言表達的首要基礎。

那麼，何種思考模式才好？很多現實生活中口才了得的人，思考力當然還是比不上汪涵、何炅這些專業主持人，畢竟主持人待在充滿挑戰的環境中歷練了十幾年，而一般人少有這種機會。可是，我們難道就不能好好說話了嗎？不一定。

實際上，思考能力不一定要鍛煉到最好、最厲害，還要比所有人都強，只要達到一定程度、滿足某些條件就可以了。條件在於，對突發狀況的應變處理；對幽默笑話的掌握；對尷尬冷場的解決，諸如此類。想滿足這些條件，必須先擁有前文提到的幾項特質，掌握之後再由此出發，便會事半功倍。

舉例來說，說話不流利、腦比嘴快的人，就算思考能力再強也說不出想說的；而說了一句、卻緊張得說不出下一句的人，心理素質不好，也很難在這種狀態下啟動腦力來應對冷場。

所以，要先用一段時間鍛煉好基本功，打好基礎後，再根據現實生活中的情況，去思考出應對辦法。今天你跟異性聊天，對方開了句玩笑，你當下不知該如何回應，那麼，你回家之後就該反覆思考，當時要如何回應才會更好。一定要強迫自己想出完美答案，因為私下有充裕的時間可以想。經常做這類反省，能讓你對生活中的狀況更得心應手。以前不懂應對冷場，這次意識到氣氛尷尬，就不要等待，趕快說些話來填補冷場的空隙吧，至少比沉默好。

平時找方法訓練思考能力，便能漸漸提高思維的敏捷度。這些方法包括：詞語聯想練習、聲音日記訓練、從笑話中學習等（詳見第三、四章）。

其他特質

1. 讀過的書、走過的路，都能成為說話的累積。無論何時，保持閱讀習慣並主動接觸不同事物，你將得到比其他人更多談資。
2. 面部表情和肢體語言，一定要懂得配合表達。好比你問：「他每天都來這裡，今天卻沒有來，為什麼？」說「為什麼」的時候，要做出不解和驚訝的表情，皺起眉頭，雙手攤開。

3. 盡量讓語氣有種活潑的調性，千萬別說得死氣沉沉、毫無情緒。觀察一下那些主持人，個個說話都抑揚頓挫。灌注熱情態度是很好的方法。
4. 情商對於說話當然很重要，但必須先會說話才能發揮情商。你情商再高，卻不會說話，也只是一個容易被忽略的好人。
5. 演講、辯論、談判等口才技巧，是另一種說話能力的高級形式，涵蓋了說話時用到的所有技能。如果你有條件，最好學習一點這方面的知識。
6.「見人說人話，見鬼說鬼話」，意思不是虛偽待人，而是要懂得根據當下的人物、場合來調整說話頻率，說出符合需求的話語，才能有效溝通。否則，你對一個小孩子或老人家「掉書袋」說些之乎者也的話，他們才不會理你。

2 講述和回應的華爾滋：進退的藝術

會說話的人，通常有兩種能力特別突出，即講述和回應。這兩種能力交叉運用，貫穿了我們說話時遇到的所有情況。講述能力如果不好，那麼表達觀點時，也許會詞不達意、拖泥帶水，別人就會聽得索然無味、昏昏入睡；而回應能力不好，那麼聊天時可能會處於被動，讓自己陷入尷尬，從而錯失了某些展現自我的機會。

口才厲害的人一般都將講述和回應運用自如。他們在講述時，也是一種針對環境的回應；他們在回應時，也是對於話題的一種講述。許多人都認為，自己平常跟朋友交談沒問題，但在一些陌生場合就會不知如何開口。其實除了心理因素，也是因為對周圍環境、人群的掌握程度較低，缺少了相應的認識。而掌握程度，就是講述和回應能力的基礎。換言之，你對事物的認識越深刻，就越容易有話可說。

首先來說說講述能力。

講述：解讀事物的能力

講述能力的核心要素，就是你對周圍環境乃至話題，做出怎樣的解讀。舉例來說，你身處一個陌生場合，如果了解該場合的人的大致面貌，包括教育背景、社會地位、性格特質等，那麼面對他們的時候，就可以調整談話方式，用符合當下的話語來應對這個環境和人群，從而做到得體、大方、禮貌。

詞語聯想這種鍛煉方法有益於講述能力。任何三個不相關的詞語，如「禮物、玫瑰花、宇宙」，只要你對這些詞語有過自己的解讀，那麼在腦海中形成話題，就不會是一件難事。

例如我對這三個詞語，瞬間組成的話題是：「親愛的，我無法送給你貴重的禮物，但我唯一能做的，就是給你買來一束玫瑰花作為補償。但請相信我，我永遠都會愛你，因為你是我的整個宇宙。」這是我解讀三個詞語，然後得出了故事。每個人都可以有自己的詮釋。很多人無話可說，或不知道說什麼，就是缺少這種深入解讀事物的能力。

這個解讀，包含了你的思維、個性、價值觀、生活經驗或知識見解等。我們跟別人說話，都要使用這一系列東西來幫助自己表達觀點。只要對事情有過自己的解讀，跟別人講述觀點自然就不會困難。多動腦，多解讀身邊的事物，當這種能力越來越熟練，交談時就可以根據當下情況、人員、環境來做出合適的講述。這是即興說話的常用做法。

回應：延伸解讀的能力

回應的核心要素，就是對話題做出延伸的程度。例如有人向你抱怨：每次參加別人婚禮都吃不飽。你要先有自己的解讀，然後因應該解讀來延伸話題，說出自己的經驗或看法。這樣一來，繼續聊下去會很容易。

看出差異了嗎？**如果說，講述是主動解讀周圍的人與事來建構話題，那麼回應，就是根據別人給出的材料來進行解讀，以此延伸話題。**換言之，你對話題的延伸能力，一部分基於解讀之上，另一部分則基於你如何延伸自己的解讀。

這裡有個重點，就是無論解讀或延伸能力，不一定全都要是真實的，可以虛構、幻想，當然也可以捏造。會聊天的人，除了經驗、閱歷、知識豐富之外，另外還能對話題進行自己的想像。而想像，即對話題的一種擴展。

眾所周知，黃渤的情商、智商都很高，口才很好。記得有次我在影片上看到黃渤回應曾志偉的玩笑話。在某個晚會上，曾志偉跟黃渤開玩笑說，他之所以做主持不唱歌，是因為頂著一張醜臉在螢幕上唱歌是很難受，而他說是受了黃渤的啟發。

而黃渤怎麼回應？他說：「也是，我們是互相砥礪。我小時候也沒想幹這行，後來一想，曾志偉這樣都能拿影帝，我憑什麼不行？」這個回應顯示出黃渤的機智。但他對曾志偉這番話得出自己的解讀後，是不是真的一如他說的那樣，小時候沒想過當主持，是看到曾志偉拿了影帝才打算的？未必。

也許另有原因，但黃渤針對曾志偉的玩笑，就利用想像加以擴展，想像出自己小時候是看了曾志偉拿影帝才打算當主持人的，然後反過來嘲笑曾志偉。換句話說，這個回應是基於黃渤自己的想像而展開的。

我們平常說話的道理也是一樣，不可能時時刻刻都要說出真實的話，否則自己沒有經歷過的事情，豈不是說不出來？

這時想像力就很重要了。如果我們懂得利用想像力來擴展話題，即便沒有真正經歷一些事，也會知道該如何回應別人。這樣一來，交談聊天就很少會冷場。

回到上面我舉的例子，參加別人婚禮吃不飽。如果你有經驗當然可以直接回應；如果你沒有經驗就加以想像，對「吃不飽」進行自己的解讀，可能是人多不好意思夾菜，也可能要忙著敬酒道賀沒時間好好吃飯，諸如此類，對這個話題有自己想像的擴展，那麼接續就會很容易。

而學習講故事，就是培養擴展能力的一種方法。

會說話的人，都懂得適當運用講述和回應。掌握這兩種能力，你在生活中自然就能侃侃而談了。

3 口才高手的隱形特質

提高口才，不僅僅是在口齒上下功夫，其他看不到的地方，也需要付出很大的努力。而正是這些看不到的地方決定了口才的展現。你可以看很多書學習知識，經常鍛煉口齒，但如果缺少某些能力加持，可能成果還是有限。

這些看不到、聽不到的能力包括什麼？

積極的內在態度

什麼是內在態度？就是你對外界持有的態度。這個態度，百分之百會影響到說話的效果。

《從0到1》的作者彼得．提爾（Peter Thiel）將那些不管經受多少打擊，依然能堅持想法朝著目標邁進的人，稱為「明確的樂觀者」。意思是，這種人認為未來比現在更好，並且努力去實現這個目標。他們不會想著那些障礙和不好的地方。這種內在態度會幫助他們排除萬難，堅持信念，從而最終達到目標。

同樣，說話也需要這種積極的內在態度。如果你覺得聊天非常困難，那麼這種信念形成的內在態度，就會導致你與人聊天時戰戰兢兢，每一句話都縮限在舒適區，所以只會簡單說「你好」、「去哪裡」這種寒暄，不敢進一步交流，怕說錯話。而那些抱著「說話是一件愉快之事」這種心態的人，聊天時從不會害怕尷尬，會表現得很大方、很熱情。

有次我回家時，碰到一個住附近的認識的阿姨，我們站在街上聊了一下子。中間聊到她兒子買了新房，現在搬到市區的新區住。我問：「舊房子怎麼辦？」阿姨說賣掉了。我居然很無知地問了一句：「有得賺嗎？」說完才發覺這樣問很白癡，這個年代哪有賣房子會虧錢的？阿姨愣了一下，驚訝地回答：「有得賺啊，當然有得賺！」這時怎麼辦？覺得尷尬就會繼續尷尬，什麼都聊不成，然後落荒而逃。不過，我當下只覺得問得不好，尷尬是有，但並不是大問題。阿姨說完我就立刻補上：「是啊，一定有得賺，現在房價漲得這麼厲害，有賺很正常。那賺得多嗎？」順著對方來答話，聊天於是回歸正常軌道。

很多人遇到尷尬就不高興，索性不說下去。假如你不當回事地去修補，那誰還會在意呢？換言之，只要你沒有表現出尷尬的樣子，別人也就不會感受到尷尬的情緒。這是大腦的一種特性。

當然，如果是說錯話而導致的，那修補這個問題就是你內在態度展現的時候。如果用一種開放、大方的態度去面對，你會積極去解決，而不是逃避。舉例來說，你跟朋友批評去參加某活動的人智商沒救了，而剛好你朋友參加過那個活動。內在態度不好的人，會心想：糟糕，說錯話，怎麼辦？尷尬死了。而內在態度好的人，會立刻大方反應：「不好意思，我不該這麼說。看來不參加那個活動的人，例如我，智商也高不到哪裡去！」大家相視一笑就沒事了。這就是積極去解決尷尬，而不是擔心害怕而去逃避，什麼話都不說。

並非所有人都懂得衝破內心障礙，讓自己敢於表達——除非主動經歷這些場合，挑戰自己，否則內在態度就會影響到開口表達。

環境的感知

我在本章開頭提到，會說話的人都有一些共同特質。其中寫到表達能力，說可以用不同方式表達同一種讚美，如「你比一百個范冰冰都漂亮」、「沉魚落雁、閉月羞花都無法形容你啊」。也許有讀者會覺得，作者竟然以為這樣稱讚不尷尬？別人聽到這種讚美，肯定會覺得很假。

這裡就涉及了另一種影響口才的特質，即根據當下來決定要說什麼。我舉的那些例子，是在戀人、好友之間的說話方式，而不是一般表達的用語。我們知道這些話無法跟長輩說，但情人之間，再肉麻也很正常。這就是根據情況、對象來調整。同一句玩笑，你跟小明或跟小張說也可能有不同效果。

我們為什麼說話會小心謹慎？就是因為還不清楚對象的性格品行，為了避免負面效果，我們只能說出一些非常保險的話。但這個「保險」，並不代表什麼都不能說，而是要根據當下來選取適合的表達語法。在我們尊重對方身分和地位的前提下，當你得知小明、小張的不同性格之後，再目標性地選擇適合的表達，進而擴大談話範圍，這就是調整。

例如你跟一個陌生人聊天，表現該有的禮貌和尊重之後，你突然發現對方很喜歡自嘲，開自己玩笑。這時你就知道對方是心胸比較開放的人，聊天不會有什麼衝突。在這種情況下就沒必要過分拘謹，可以適當降低禮貌和客套程度，也可以說一說自己的糗事讓氣氛更融洽。

而會說話的人，就是善於抓住這一空隙，調整彼此的交流，盡量打破隔閡。少了這種意識就很難建立親密關係。有些男生跟女孩子出去幾次了，相處起來還是比較呆滯、僵硬、尷尬的模樣，說話句式依然偏向那種拘謹、呆板的表達，顯然就是缺乏了調整。

綜上所述，剛認識時你要讚美別人，其實一句簡單真誠的「你好聰明」就夠了；熟悉之後要讚美別人，再說「你好聰明」就嫌單調。這時改變一下表達方式，就算讚美他「愛因斯坦都沒有你這樣聰明啊」，對方也不會覺得太假。因為在那種情況、那種關係下說出來，這些讚美不但能滿足對方虛榮心，還能讓氣氛更好。除非對方本身不喜歡讚美，不喜歡開玩笑——這又是另一種調整。

千萬不要用同一種說話方式去應對生活中的所有情況，要懂得根據當下的場合、對象來調整固有的表達句法。

氣氛的營造力

聊天氣氛，我相信每個人多少感受過。有死板的，有尷尬的，有難受的，有愉悅的，有開心的。這種氣氛，在我們跟別人相處時，會透過自身或他人的反應互動產生。遇到有趣的人就會感受到愉快氣氛；遇到嚴肅的人，氣氛自然會難受不適。

面對一些位高權重的人時，我們根據前文提到「視情況說話」的特質，沒辦法即時營造出適合的氛圍。但如果面對跟自己差不多層次的人時，我們可以做到嗎？

並不是每個人都能主動營造聊天氣氛，很多時候往往希望對方先打破冷場，不然就是抱持「我什麼都不做，反正你要跟我好好聊天」的心態。如果眼前的人表現不符合你的預期，你是不是會先感覺失望呢？為什麼他就是不過來跟我打招呼？為什麼我就是錯過了跟他聊天的機會？

這就是你沒有主動營造聊天氣氛的遺憾了。

我曾因為工作關係，去一家房地產公司拜訪，討論在新建案舉辦攝影活動的事。當我到了那裡，接待我的是個二十歲出頭的女生，應該剛畢業不久。她帶我去新建案的樣品屋途中，全程很酷，一點聊天的欲望都沒有。

換作其他人，我相信要不是也不願意跟她說話，就是很不滿她的服務態度。不過在我看來，她並沒有得罪我，也許她展現出這種面貌背後自有原因。為了破冰，營造適合的聊天氣氛，我問：「我可以問一個非常嚴肅的問題嗎？妳可以放心回答我，我不會告訴別人的。」這樣問是為了製造懸疑，吊起對方胃口，就算對方不想說話，但有了這個懸念的鋪陳，一般人都期待你接下來的問題。於是這位女接待員順理成章地看著我，問：「是什麼問題？」

我語氣輕快地說：「從我看到妳開始，妳就一直悶悶不樂，板著臉。說！是不是因為這裡的工資太少，讓妳憂鬱得不想活了？」然後她笑了，說不是，平時都習慣這樣子而已。我就順勢回應，開玩笑說：「幸好我臉皮厚，妳沒嚇跑我，否則你們老闆就失去一筆生意了！其實妳笑起來很好看啊，常笑笑一定很好！」後來她愉快地跟我介紹新屋格局，我們也聊了很多。

如果換成其他人這樣做，會不會反而覺得尷尬？或者覺得開這種玩笑很幼稚？也許會，我不否認。但如果無法結合上面那些特質去說話，你想擺脫這種尷尬就很難了。

恰如其分的姿態

怎麼開玩笑才可以不像小丑？首先你表現出來的姿態，不能是個小丑。

遇到聊天突發狀況怎麼才不會表現出尷尬？首先你表現出來的姿態，不能是尷尬。

怎麼讚美別人，才不會給人虛假的感覺？首先你表現出來的姿態，不能是虛假。

如果一個人虛偽，他就算讚美一句「你好漂亮」，而不是「你簡直比十個范冰冰還要漂亮」，你一樣會覺得虛假。但一個平時感覺真誠的人，偶爾誇張地稱讚「在我眼中，迪麗熱巴都比不上你漂亮啊」，別人也不會認為他油嘴滑舌。同樣，如果開玩笑的姿態溫文爾雅，而不是擠眉弄眼、嬉皮笑臉，就不會讓人覺得是小丑。

為什麼黃渤開玩笑，沒人覺得他像小丑？因為他表現出來的姿態根本不小丑，而是大方、得體、斯文。所以，如果你經常覺得說這句、那句都尷尬，你就要思考，是不是你就是個容易表現出尷尬姿態的人？如果你覺得自己常開玩笑，給人感覺是個小丑，你就要思考，你的行為舉止是不是給人不莊重、不成熟的印象？就算你想扮小丑逗人笑，也要建立在別人知道「你是在演」的基礎上，而不是你平時就這樣。如果你平時說話很容易給人虛假的印象，你就要思考，是不是沒表現出足夠的真誠？

上述姿態，你可以偽裝，也可以發自內心表現。我能給些啟發，但真的，我無法手把手教會你。這些東西的掌握只能靠自己，誰都幫不了。所以想提高口才，除了技能的鍛煉，也要重視思維、反應和心態上的鍛煉。如果不解決這些問題，就算再努力鍛煉口才，也會影響到發揮。

至於如何鍛煉並獲得這些能力，我會在接下來的章節裡一一講解。

4 怎樣才算「清楚」的表達

俗話說：「說不清，道自然不明。」清楚表達自己，本身就是一種自我素質的體現。這就像是要你像工程師製造汽車一樣，在熟悉汽車設計圖的情況下進行操作。畢竟工程師（我們），需要掌握好製造汽車的材料（語言詞彙），才能夠把一輛汽車（思想）造出來。

當眾說話中的詞彙和句子，就是說話的素材，而我們在使用之前，就應該知道它們應該出現在哪裡，出現的數量又是多少。如果你不能清楚地表達自己，從而鬧出種種誤會，都是對語言掌握不精準的後果。

比方說，我相信很多人都有被陌生人問路的經驗。雖然現代有導航的幫助，但有時目的地難免會有偏差。某平台的外送員送餐到我家時，就常常找不到具體位置，需要打電話來詢問。以前我是鉅細靡遺地指路，從哪裡走、從哪裡拐彎，走出來、又怎麼左右轉。但這樣只會讓人聽得暈頭轉向。後來我換一種說法，先說一棟較為顯眼的大廈，對方會很快知道。這時說到大廈對面某座較矮的大樓，大樓旁邊的路就是我家那條。對方只要找到那裡，通常能找到我家，不用我下樓。

良好的表達，能夠提高人與人之間交流的流暢性，不但省時間，還能讓事情或工作更容易獲得想要的結果。為了加強語言表達效果，我們要像工程師製造汽車那樣，掌握一定的規則。

用詞要準確

一輛汽車需要哪些材料，工程師一看設計圖就知道。我們當眾說話前也需要給自己一張「設計圖」，並根據需要選取詞句。只有準確地用詞，才能在說話時，把心裡的意思清楚傳達給聽眾。平時練習說話，應該注意詞語的積累，明白每個詞語的內涵和外延，把握準確意思，建立自己的語言倉庫。

有這樣的故事：一個暴發戶到學校演講，他為了表現個性，故意用一些毫無邏輯的詞語。他說：「今天是什麼天氣？是講話的天氣。聽課的都到齊了吧？看起來『五分之十』都到齊了。沒來的舉一下手，很好，都到齊了！你們來得很『旺盛』，鄙人對此非常『感冒』……」

原本希望用特別的詞語能表達自己的獨特，結果既無法表達意思，也讓人聽得一頭霧水。如果他換另一種方式效果會好得多，像是：「今天天氣不錯，很適合演講！看到台下的同學們坐得密密麻麻，想必要來的都到了。大家這麼熱情來聽我演講，我十分感謝……」像這樣表達，傳遞出來的意思就會清晰而準確。然後接下去再說正題，聽眾自然能接受。

口才小建議

- 說話時，思路清晰很重要，你要清楚知道表達內容的順序和目的。
- 最好避免大話、空話、假話、套話和廢話的出現，能不說就不說。

・表達抽象的東西時，要選用恰當的語句，最好用比喻等修辭法，以聽眾熟悉的東西來輔助表達。
・說話前要先搞清楚詞語的準確含義，不能「望詞生義」。

表達要流暢

製造汽車一定要按照順序進行，從車架開始到其他零件的組合、安裝、噴漆等，一步一步。同樣，我們說話也要按照一定的順序。

說話要先做到語句通順，才能把主旨流暢地傳遞給聽眾。在練習表達通順時，掌握一定的語法規則和語言邏輯是非常重要的。有順序的表達才能傳情達意。

有個笑話是這樣的，一位村中幹部在衛生教育大會上說：「除非大家開始著手搞衛生，我們的健康和疾病才能有保障！」他原本想告訴大家：搞好衛生，健康才能得到保障，疾病才能遠離。但他說話時，並沒有注意表達通順，把兩個矛盾的詞放在一起，犯了邏輯上的錯誤，形成了語病。

我們說話時，千萬不要前言不搭後語，說了這句忘了那句，而要注意句子的完整性和邏輯性。此外，語詞搭配也要注意，例如「陽光」這個詞，用來說「個性很陽光」就很好，但如果說「做事很陽光」就不恰當了，這時換成「積極」會更好。多留心各個詞語搭配，表達就會更加嚴密清晰。

說得少，比說得多更難

熟練製造汽車的技術之後，速度自然也會加快。一般說話最忌諱的就是拖拖拉拉、詞不達意，明明兩分鐘可以說完，偏偏拖到十分鐘。這樣只會讓聽眾覺得累。不論何時，表達一定要注意簡明扼要。

正如歐陽修的故事。有次他和學生們在酒樓喝酒，忽然看到窗外一匹飛奔的駿馬把路邊一條黃狗踩死了。其中一個學生搖頭晃腦地說：「劣馬正飛奔，黃犬臥通途。馬從犬身踐，犬死在通途。」另一個學生見狀，想了一下接著說：「有馬過通途。逸馬踏而過之。」這時，歐陽修淡淡說一句：「逸馬斃犬於途。」

雖然三人說的是同一件事，歐陽修卻說得最簡潔，也最容易聽懂。可見用簡潔的語句表達意思有多麼重要。如果你下次聽不懂對方說的話時，應該打斷他，訓斥一句：說人話！我相信他會表達得更精簡。

口才小建議

- 加強語言準確性的訓練，多做描述練習。當你看到一樣東西，試著想像如何描述出來才能讓聽眾更容易懂。

・說話抓重點、突出中心，無關痛癢或不重要的事，省略或一筆帶過就好。
・長話短說，重點先行，避免囉唆。

目的要讓人一聽就懂

剛開始製造汽車，就要告訴別人造出來的樣子。我們說話之前，同樣也要知道說話的目的。圍繞明確而清晰的目的去說話，才能讓說出來的話，清楚傳遞想表達的意思。

例如，一個書商知道某個名作家要到他的書店，於是事先告訴店員把暢銷書架上的其他的書都拿走，只放這位作家的書。當作家來到書店，看到架子上都是自己的書，就問店員：「別人的書都到哪裡去了？」店員一時不知道怎麼回答，就說：「都賣完了。」作家頓時覺得自己的書成了唯一的滯銷品，很無奈地離開了。

書商本來想巴結這位作家，才自作主張下架其他書，把他的書放在暢銷書的架子上。沒想到店員的一句話翻轉了整個意思。這種結果，就是因為說話跟想法不同調，無法確定目的而造成的。

講話前必須先確立談話目的，再確定主題。不然會像是迷失的車輛，不會順利到達目的地。優秀的工程師設計過無數汽車，對製造一定瞭若指掌。想清楚表達意思，就要在每次講話前告訴自己說話的原因，以及達到目的的方法，並且堅持練習。這樣才能成為說話上的工程師。

口才小建議

・知道自己說出的話是為了達到何種目的，是說服別人、安慰別人，還是開啟話題？

・準備一些與說話目的符合的詞語。跟老人家講話，不用過於文藝或網路用語；跟長輩聊天，不要嘻嘻哈哈，也不能輕浮隨意。

・講話過程中，時刻提醒自己要將這種目的融入其中，一旦偏離，即時糾正。

5 口才的限制：學習者該抱持的態度

說了這麼多，似乎我都是在告訴讀者一個道理：提高口才能力，你就能擁抱全世界。真的是這樣嗎？如果我說是真的，請相信我，我一定是傳銷公司派來的，想藉此讓讀者交出報名費，每門課程只需一九九元，學了保證人生得意、事業高升。

我不認為是真的。多年來讀過這麼多書，看過這麼多電影，遇到這麼多事，我一直都在思考一個問題：是不是擁有好口才，人生就能扶搖直上，然後達到巔峰，迎娶白富美？

我想說，其實口才這種能力，有時真的一點用都沒有。我看過一部電影，就是《復仇者聯盟》飾演黑人局長的山繆．傑克森（Samuel L. Jackson），跟《紙牌屋》飾演國會議員的凱文．史貝西（Kevin Spacey），兩人主演的懸疑動作片《王牌對王牌》（*The Negotiator*）。電影中，傑克森扮演了談判專家，被人誣陷入獄，迫不得已，只好挾持人質，然後透過史貝西扮演的另一個陌生的談判專家的幫忙，相互解救從而洗刷冤屈的故事。其中有一幕，在史貝西出場那個片段，他女兒和老婆因為穿衣打扮的問題隔門相罵。作為中間人，男主角不管怎麼協調，母女二人依然各不相讓。然後史貝西很無奈地感慨：「我可以說服歹徒把槍從人質的頭上移開，解救幾十個身陷險境的同僚，現在卻居然不能說服老婆走出這個房門，讓女兒放下電話。」

是的，連談判專家這種狠角色，不也是對老婆和孩子一點辦法也沒有嗎？或許有人說，家不是講道理的地方，是講愛的地方。但為什麼有些人明明很愛另一半，經常「談」情「說」愛，卻總是矛盾不斷呢？不是已經跟對方「講愛」了嗎？

口才就是這麼沒用。

之前網路上有一個事件很紅。在某個求職節目裡，一個銷售冠軍在眾多老闆面前，講述自己做過最輝煌的事，就是把一個價值超過五千五百人民幣的情商培訓課程，賣給了一個月薪僅有兩千多人民幣的清潔工。全場老闆聽到他這麼說，都紛紛把燈熄了。為什麼銷售能力這麼強、口才這麼厲害的人，依然沒辦法說服老闆們接受呢？理論上，他完全可以憑藉說話能力，讓大家對他刮目相看啊！

結果沒有。他用一個看似輝煌卻不合適的例子來表現自己，這些老闆就覺得他不堪重用。這時，口才再厲害又怎樣，還不是被刷下來？

這種口才真的沒什麼用。它不能讓世界和平，不能讓心儀的人愛上自己，不能說服老闆立刻給你升職加薪，甚至情侶吵架，口才也不能把關係修補成「人生若只如初見」。口才對於人生中很多事的作用真是少之又少。

既然如此，我們為什麼要學習口才？有什麼實質幫助？

沒辦法，因為說話能力是通往解決問題終點的第一步。沒有這一步，終極問題很難完美解決。當然你可以閉門造車，但如果想讓自家產品獲得更多人青睞，就必須透過說話來廣泛宣傳，讓更多人知道。

可惜這只是第一步。有這一步不見得能完美解決問題。曾經有一名讀者寫信給我。他說，自從半年前看了我的文章後，他幾乎每天鍛煉口才，所有能用的方法都用了。他以為經過半年鍛煉，說話能力一定會大幅提升。但沒想到不久前，他忙了一個星期的計畫提案被主管否決。他覺得一定是因為私怨，所以越級跟老闆報告，說出自己的見解，期待獲得認同。這樣就算主管不同意，也能順利推行自己的提案。可惜老闆不但沒讓他把話說完，還反過來批評他。最後主管得知，便訓了他一頓，讓他很受委屈。

這名讀者很納悶，明明自己的提案十分用心，也符合客戶要求，為什麼結果會是這樣？是不是口才還不夠好，他們才不願意聽呢？

我說，每家公司都有各自的規矩，每個老闆做事方式也不同。公司內部的權力鬥爭，都會根據公司文化而決定了呈現方式。但問題不在於此，最大的問題是你以為透過口才就能改變局面，這是非常不明智的想法。

無論提案有多棒，主管不認可很正常；老闆不聽也很正常。你自身的價值，決定你發言的分量。因為，人微言輕。雖然他踏出第一步跟老闆商量，但也只是踏出，口才沒辦法幫助他解決剩下的問題。一個人口才再厲害，如果自身沒有價值，那說話就像是丟在地上的紙巾一樣，很難讓別人覺得有用。

怎麼辦？這就是學習口才的結果嗎？那我們為什麼還要學呢？

其實，精進口才的目的主要是好好溝通，獲得雙贏。而雙贏，就是雙方都對結果滿意。當然這世上難有兩全其美的事。如果一方覺得滿意，一定是另一方有所遷就和退讓。

溝通上的雙贏，是雙方對所有滿意結果的妥協行為。如果可以，誰不想要求更多？也就是說，不管口才再厲害，如果不懂得妥協或退讓，那也沒有用。雙贏不只是一方懂妥協，也要對方懂。兩個人都堅持己見，最後雙方都會失望。如果只有一方退讓，他總有一天也會心累。講開了誰都不會有好處。

但人與人之間何來這麼多計較？所以到了最後，懂溝通的人，不是因為他能把事情完美解決，而是他懂得將衝突的火苗從源頭熄滅。看到你生氣，二話不說就低頭認錯；看到你不滿意，就立刻送大禮補償；看到你擔心，就立刻擁抱安慰你。

這就是所謂溝通雙贏的折中辦法。不是你主動遷就，就是我主動退讓。這種結果也許不是最令人滿意的，但至少也是最合適的。可惜不是人人都懂溝通，不是人人懂退讓，而人性卻是貪得無厭，你退讓一次，別人就希望你退讓第二次。美國從不向恐怖主義屈服，因為一旦開了頭，以後的威脅就會層出不窮。而我們的口才卻很難改變他人。

這就是口才的困境。

對於這類事情，口才往往無能為力。有時候我們主動調整了一下說話方式，讓大家覺得這個問題似乎解決了，核心問題卻依舊沒解決。口才如果只單純用來溝通交流，一切都會很好；如果用來解決問題，有時會陷入各種困境。但這就是世界的遊戲規則。我們學說話，就是學習照著遊戲規則順利前行。我們對現實總有失望；改變不了他人的時候只能犧牲自己。為了大局，我們不得不這樣接受現實，因為眼下沒有更好的解方。

但我依然希望大家都積極學口才，提高溝通能力。畢竟它始終是解決所有問題的第一步，而且確實能解決某些事，不嘗試一下，我們都不會知道結果。正如《王牌對王牌》中兩位談判專家的口才，推動了劇情朝著正面的方向發展。他們講話時常話中有話，充滿技巧。他們從陌生敵對的關係，到最後打倒反派，變成惺惺相惜的友情，口才在其中確實有所作用。這當然是我們學習口才最期盼的結果。

不過，也不該對口才抱有太多不切實際的幻想，以為有了好口才就諸事順利。同時也要知道，撐起我們運用這些所謂說話技巧的，不是嘴上功夫，而是你的為人品性；看你有沒有一顆懂得雙贏，也就是懂妥協的心。有的話，不但一定程度上表達了自己的想法，也能滿足對方心理，人生於是更順利；如果沒有，只顧自己爽，不主動交談也不顧及他人感受，就好像那個被熄燈的銷售員，生活可能會陷入焦頭爛額。

口才就是這麼奇怪。你學得好，在某些事情上還是無能為力；但如果運用得不好，還很可能惹禍上身，禍從口出。但如我所說，這就是世界的遊戲規則。玩不玩，玩得好不好，怎麼玩，都由你自己決定。如果你做好決定，就正式在接下來的章節中，開始精進口才吧！

第二章

心理素質訓練

不擅於開口的原因，多半源自於人類與生俱來的本能反應。本章以心理學知識為背景，分析負面心態的成因，並且提供循序漸進、可實踐的心理建設法，用以提高說話時的自信、勇氣與內在韌性。

1 自卑心理，是自信的高牆

很多人不敢開口，不是因為沒能力，而是缺乏自信，有自卑心理。自信雖不是萬能，但沒有自信卻萬萬不能。如果做什麼事都往壞的方向去想，相信我，就算是好事也會弄得像壞事。充滿自信的人，一般都能正確處理生活。從買衣服到談戀愛都懂得分寸與取捨，不會被無關的東西影響，恰如其分地與世界相處。而這，就是良好心態的根基。

為什麼自卑的人，很難與人建立進一步關係？因為缺乏自信的人，碰到熟人可能會故意躲避，當眾說話可能會臉紅僵硬、不知所措。他們孩提時期的家庭教育可能是原因之一——如果父母沒有給予恰當的獎勵，反而經常打擊他們，應有的自信就被漸漸摧毀，最終導致心理趨向自卑。正是這種自卑心理，讓他們過度約束和拘謹，從而難以跟人建立親密關係。這種人格特質容易阻礙工作、學習與人際交往。

儘管隨著年齡增長、閱歷增加，自卑心理會逐漸改善，但如果不主動去解決，單靠時間來改變這種狀態會需要花費很多資源。從現在開始，意識到自己這一方面的人格特質之後，主動去鍛煉改變，才能發揮出你的能力。要做到這樣，自然要主動實踐，鍛煉自己。如何鍛煉？以下是我的三個建議。

第一，不怕否定，化負面評價為力量。自卑的人，最怕別人議論自己。像是怕做錯，連一點點評論都承受不起。他們最怕別人否定自己。於是與人相處時，永遠都是一副戰戰兢兢的樣子。但越是害怕，越是蜷縮自己，別人就更容易給予負面評價，形成惡性循環。

其實，被人評論是正常不過的事情，真的不必太看重。有時一些否定的評價，說不定還能成為激勵我們幹大事的動力。化悲憤為力量，學會鼓勵自己，不把外界因素看得太重，輕鬆上路，自在展示自己的能力。

第二，循序漸進地練習。剛開始先在熟悉的朋友圈多多發言，然後在熟人比陌生人多的場合裡練習，再慢慢發展到陌生人多而熟人少的場合，循序漸進、逐漸增加對外界的抗壓力。

每到一個新場合，事先做好準備，主動理解即將談話的對象，也設想可能遇到的情況，給自己想出各種開場白和聊天話題。心裡有底自然就會增強信心，你也會因此充滿勇氣。

第三，大膽說出「第一句話」。自卑的同義詞，就是膽怯。你越膽怯，就越容易陷入自卑當中，無法抽離。所以，每到一個陌生場合，都要大膽行動，把對方當成熟人，甚至是「不如自己」的人，這樣一來自卑心理就會減輕不少。當你敢於開口說出第一句話，接下來就可以說第二句、第三句。只要不過度擔心別人的反應，勇於表現自己，你一定能說話流利。

勇敢對膽怯說「不」，並在實踐中克服它，你就會走出自卑的困擾，成為落落大方的人。長此以往，就不會再擔心身處陌生場合。

此外，我們還需要在日常生活中或私底下刻意訓練自信。以下提供幾個心態法則：

1. 跳出比較思維，每天進步一點點

做到這一點確實需要些時間，畢竟我們從小到大都在比較中長大，比成績、比家境、比玩具、比衣著。儘管如此，我們還是可以跟自己比較的。今天做好一件事，你就比昨天的你進步一些；明天達到一個目標，你就比今天的自己強大了一點。每天都在進步，你會發現自己越來越好。

2. 寫出自己的優點

自卑內向的人，一般會過度關注自己的缺點，反而會忽略自己的優點，以致這麼多年來，都習慣性想不起自己的優點了。

所以從現在起，找時間寫一寫自己的優點，你電腦操作得比設計更得心應手，那麼玩電腦就是你的優點。如果你不滿意這個優點，那可以去培養其他的興趣。總之，有優點，就記下；沒有優點的，就培養一個。找出喜歡和感興趣的事，我相信你一定能把它們做成優點。

3. 記錄每天自己完成的事

例如你今天寫完了一篇文章，就記下來，給自己一個努力的評價；在與人交往時，發現自己說話不夠到位，那就再給自己一個評價。

接著，在需要改進和欠缺的方面，給自己寫下改善的任務。例如你不滿意今天只跟別人說

不到三句話，那就可以寫下「明天不管碰到誰，都要說出三句話」，慢慢讓自己改進和成長。千萬不能心急，抱著一步登天的想法。畢竟不積跬步，何以致千里呢？

4. 正確評價自己

不要說一些不利於自己能力發揮的話。有些事不是你做不好，而是你沒興趣、沒去學才不會而已，並不是能力問題。只要有投入，自然會有產出，只是程度的差別。

所以當你做不到一件事時，應該先問問自己背後的真實原因。是客觀因素，還是主觀因素？千萬不要把所有責任都推給自己。舉例來說，你有時很熱情地跟別人打招呼，別人不理你，那多半不是你的問題，是對方的。

5. 外在帶來信心

人靠衣裝。一個人的外表對其自信心會產生很大的影響。如果感覺一件衣服的款式讓你穿了很俗氣，那就去買一件讓你穿上去很高雅的。適當打扮自己，把精神面貌弄得好看些，當這方面舒心了，你自然也就自信了。

6. 使用自信的肢體語言

人的心理狀況會反映在行為上，但反過來，行為也可以影響心理狀況。舉例來說，用熱情大方的聲音跟別人聊天，而不畏畏縮縮地說話，你越是這樣做，自信心就越會集聚起來。

平常與人交談，一定要做出信心滿滿的感覺，不論是行為還是言談，都不要透露出絲毫不自信的訊息。如果意識到自己無意中說出負面的話就要立刻修正。總之，你走路的模樣必須要昂首挺胸，用行動來改變心態。當你能夠做到這些，培養出自信心，那麼與人聊天時一定也可以侃侃而談，舉手投足都散發淡定舒適的氣質。這樣一來，不管你自己或是你的聊天對象，都會有一段美妙的交談時光。

2 內向者如何克服害羞心理

你是不是很害羞的人？如果是，這種害羞有沒有影響到你的日常社交？有些人很容易害羞，不管是跟別人聊天，還是去見朋友，很簡單的場合都讓自己不好意思，然後渴望逃避現場。這樣的害羞已經影響到你與他人進一步建立深層情感。

根據史丹佛大學做過的調查，在隨機取樣的一萬多名成年人當中，大約有四〇%的人有不同程度的害羞心理，男女數量則差不多。換言之，不管年紀多大，我們每個人多多少少都有某種程度的羞怯心理，只不過有些人表現得較嚴重，會影響到正常的工作和生活，這時才需要特別注意。

害羞心理的產生，一般有三個方面：

第一，青春期的生理變化所致的感應性反應。人在青春期，無論生理還是心理都發育得最好，激素分泌開始增多，外界刺激會打破體內平衡，導致我們容易變得緊張和膽怯。臉紅、冒汗、心慌等症狀，都屬於這種感應性的反應。

第二，自卑心理造成。容易害羞的人，往往都屬於不怎麼自信的人，特別害怕暴露在人群中，覺得自己什麼都不行，沒能力，害怕說錯話、做錯事，於是就慢慢形成了膽小羞怯的心理。

第三，成長環境影響。如果一個人在成長過程中，諸如童年或少年時期，曾經受到他人的責罵、嘲笑、批評甚至戲弄，心裡可能會形成陰影，以後在進入類似或陌生環境時，潛意識就會啟動自我保護機制，用一種較為低調隱蔽的姿態，在環境中「隱身」起來，免得被發現而讓自己受傷。

因此克服害羞的心理，你才能接觸更廣闊的世界，更加勇敢地去把握值得把握的人和事。那麼，到底應該如何徹底克服？

這裡有八條小建議，可以幫助你擺脫害羞心理。

1. 不要忽略潛意識的影響

美國汽車大王福特（Henry Ford）說過：「無論你認為自己行還是不行，你都絕對正確。」這句話是什麼意思？意思是，你一直想著自己是什麼，你就會以想著的那樣子去行動。一個運動員，上場之前不斷跟自己說「我一定比不過其他人」、「我一定拿不到獎牌」、「我這麼差一定做不好」，大腦因此無法發揮出應有的能力，就無法贏得比賽。

為什麼很多人容易臉紅？就是已經習慣在心裡暗示「我不夠自信」、「我絕對會搞砸」、「做不好一定會被取笑」等，結果只要不好的情況出現，手足無措自然就臉紅了。

長期累積的心理暗示使得潛意識默認了害羞表現，所以不管外界是何種情況，都沒有用正確姿態去應對，最終身處任何場合，都表現出害羞的症狀。你就是你自己認為的那樣子。

所以，克服害羞，就要用一個新姿態去面對生活。除了每天給自己一些積極的心理暗示，鼓勵自己，你還需要想像自己能用一種自信大膽的樣子去與他人社交。在腦海中塑造出一個不害羞的樣子，然後用自信、正確的行動去表現出來。只有這樣，你才能慢慢擺脫害羞。

2. 選擇積極的同伴

如果經常待在充滿負面語言的環境，那麼克服害羞會變得十分困難。因為你還沒開始，別人的語言就已經把你打敗。反之，如果你跟一些積極向上的人待在一起，那麼在他們正面的態度感染下，你也會因此放開自己。

而且，心態積極的人會帶領你走出固有的生活圈，讓你感受更廣闊的世界，接觸不同的人和事。當心胸因此慢慢開闊、不再自我封閉時，你害羞的思想也就會慢慢消失。

選擇一個好的生活範圍，交往一些好的朋友，會讓你更快擺脫害羞。當然，並不是每個人都有這種條件去認識新朋友。所以，學會擴大自己的生活範圍，是成長的最好選擇。

3. 擴大生活圈

一直待在固定的生活圈很難讓人快速成長。反之，假如能做一些陌生的事，一些從未做過的事（前提是好事），挑戰一下自己，你會有面對不同環境的本事，也就不再容易害羞了。

例如，你不會開車就去駕訓班上課，當你經歷了這個過程，就等於累積許多新鮮經歷。這些經歷，說不定對未來某個時刻會有意想不到的幫助。把自己局限在狹小範圍裡生活，世界就像是以管窺天。生活如果被限制在小範圍，最後你將什麼事都不敢做，反而會讓害羞加劇。

所以，就算待在一個新地方，做一些陌生的事，會讓你感覺不舒服也沒關係。不妨盡量去感受，體會它帶給你的「酸甜苦辣」。這種不舒服與不自在就是你成長的助燃劑，是一種對自己的挑戰，克服它，你就獲得成長。

4. 多做一步。欲速則不達

適應新環境，結交新朋友，並不會一下子就讓你擺脫害羞，你需要一步一步去改變。

現在請你進入一個新環境，或突然請你在一百個人面前侃侃而談，相信對你來說一定很困難。但這不代表你不能去做。你可以從身邊接觸到的環境和人開始鍛煉。這個鍛煉，你只需要多做一步就好。例如你以前吃飯，只點了自己喜歡吃的菜，從沒問過服務生有什麼好吃的。那麼現在就多做一步，仔細問一問餐廳的服務生，藉此開始鍛煉膽量。或者之前你收快遞，收完就算了。現在你就多做一步，刻意詢問對方寄快件方面的操作和流程，或關心一下對方送件的辛苦等，都是一種不錯的鍛煉方式。

也就是說，把不曾做過的事情先邁開一步去做。不用做得太多，只需要比以前固定的做法多做一步、多走一步就行了。有了這一步，你會隨之得到相應的感受。當你知道這種感受不會導致什麼不好的結果，你就可以繼續多做兩步、三步，甚至很多步了。

5. 內心戲別太多，事情沒那麼嚴重

害羞的人，通常都是想像力豐富的人。無論跟誰說話，或去做些什麼事，總會把事情想像得很嚴重。問自己一個問題：跟別人聊天如果聊得不好，最嚴重的後果是什麼？別人會殺了你嗎？還是會昭告天下地取笑你？

並不會。除非你說了一些不尊重他人的話語，做了一些不符合常理的事情，別人才有可能拿手機拍下你的醜態。否則，根本沒人會記住你的差勁表現。

這也說明，只要對他人保持尊重，行為舉止符合常理，那麼無論怎麼說，怎麼開玩笑，都不至於有不好的結果；說不定，這種拋去包袱的做法，會更容易跟別人打成一片。

6. 清除自我中心的思想

害羞的人，內心某種程度上非常自傲，因為過度關注自己反而會忽略跟外界保持良好關係的方法；自信的人，會更關注自己和外界如何形成良好互動。不過，害羞或自卑的人更關注的是自己要如何表現——到底要用一個完美形象示人，還是應該保持沉默，少說話，免得露餡呢？這是他們想最多的事。

想一想，容易害羞的人是否常常以自我為中心？幾乎無時無刻都心想：萬一別人不喜歡我怎麼辦？我要怎麼做才能引起別人關注？我這麼好，怎麼就被忽略了？

你以為坐在角落，什麼都不說也不做，就會像明星一樣得到關注嗎？結果沒人理你，就抱怨自己被忽略了。你是誰？有這麼大牌嗎？這就是自我中心思考的一例。別把自己看得太重。最好的做法，就是主動打招呼，主動聊天，主動表現。這樣才會忘記害羞，建立正確的心態。

7. 學會一個人面對生活

害羞的人，很容易有人群恐懼症。人稍微一多就渾身不對勁，恨不得馬上逃離現場。所以寧願待在家裡，哪裡也不去，什麼事也不去做。問題在於，這樣根本不會有機會克服。

不妨試著一個人出門。一個人去餐廳吃飯，一個人去看電影，一個人去購物。自信的人多半都敢於獨來獨往。不要擔心你一個人會被別人怎麼看，放心，你不是名人，沒有人會關注你的，做好自己的事，該怎樣就怎樣，一切順其自然就行了。

8. 保持閱讀習慣

讀書可以增長智識，提高能力，也是一種克服害羞的好途徑。從書本汲取養分，彌補生活上無法接觸的部分，你就能增強信心。無論是哪種書，只要找到感興趣的類別，然後認真學習，思想、看法、態度都會潛移默化地發生改變。

閱讀一些關於如何提高自信心的書籍，或者一些能讓你深入了解自我心理和思想的著作，你將更能客觀評價自己，從而克服害羞心理。

儘管克服害羞需要一定時間，但你還是能做到，也能做好。這需要社交技巧、正確態度，以及良好的精神狀態。自信與豁達會使你的生活比現在更好，現在就行動，不要改天！

3 讓人有話說不出的焦慮心理

很多口才不好的人，在開口前往往有一種不敢說話的壓抑感。這種心理，會影響到說話者與聽眾交流時的流暢、自然和參與感；嚴重者，甚至還會產生讓人想立刻逃離的衝動。

這就是怯場。怯場心理，說好聽點就是個性比較害羞；說難聽的話就是多半有社交恐懼症。而社交恐懼症的源頭，往往就來自我們人類天性的焦慮心理。

社交焦慮正常嗎？

人類是由兩種進化方式形成的產物——生物進化，讓我們擁有直立行走的身體和強於其他物種的大腦；而文化進化，則讓我們人類學會如何感知、思考並與他人互動。

在人類漫長的進化演變過程中，對陌生事物的焦慮，是我們保護自身和族群的一種警戒訊號。早期人類的社交圈十分狹窄，活動範圍僅限於熟悉的狩獵環境或者彼此合作的族群團體。一旦外界有風吹草動，例如遇到猛獸，或有其他陌生族群入侵領地，這種警惕心理就會提醒他們採取應對措施。

雖然發展至今，我們已經身處安全的文明社會，但這種烙印在基因的特質依舊不斷影響著我們。有一些隱性情況，我們還是跟古代人類的生存方式非常相似。例如：進入一個新的群體，會擔心群體會不會接納自己？我們所屬的群體裡如果有新成員加入，會不會威脅到既有的資源？我們遭遇陌生人，會本能地警覺，這個人會不會對資源和安全造成傷害？

這跟早期人類的擔憂並無二致。於是，當我們遇到這些情況，天性中的焦慮心理便會出現。也因此，如果你覺得自己沒有在陌生群體中表現自我價值的能力，覺得不會被接納，甚至有過失敗經驗，這種焦慮就會更強；於是開啟自我保護的心理模式，讓自己免受傷害。如果覺得自己沒有能力應對當前挑戰，或者陌生人讓你沒有安全感，你同樣也會感到焦慮。

但事實上，這些感受不一定是真的。許多有能力或有充分資源的人，他們腦袋有的焦慮不一定比我們普通人少。

追根究柢，大多數人並不懂得利用文化進化的能力，去調整生物進化的天性。換言之，想要緩解我們身上這種焦慮感，需要從思想和行為兩方面著手。當你不被焦慮困擾，才有機會去冒更多險，成功機率也就更大。

改造內在思想

我遇過兩名參加過搭訕訓練的男生。我問他們：「如果你搭訕被拒絕，你會有什麼感覺？」

A說：「沒覺得什麼啊，搭訕被拒絕是很正常的事。這個不行，就去搭訕下一個。只要態度真誠、樣子友善，總有一個會願意認識我的。」

B說：「每次看到心儀對象就很希望能去聊天。但心裡想著怎麼開場，怎麼自然聊天怎麼才不會讓對方抗拒，想著想著，對方還沒有機會拒絕我，就已經從我視線裡消失了。搭訕真的不是一件容易的事。」

很多人認為自己之所以焦慮，是外界那件事造成的，如果那件事不存在也就不會有焦慮了。但這正確嗎？不完全。正如A和B面對同一件事，卻得出兩種不同的心理感受。

事實上，有人覺得跟陌生人聊天很難受，也有人覺得沒什麼大不了。背後原因不在於事情，而在於對事情的看法。事情本身不會引發情緒變化，我們對它抱持的看法才會。

六祖慧能的禪語「本來無一物，何處惹塵埃」，就說明了這個道理。如果你對這件事沒有思考，它又如何讓你心煩？同樣道理，你對一件中立事件抱持著正面或負面的想法，會大大影響它們給你的感覺。而很多時候，不好的想法往往不理性。

行為主義學家埃利斯博士（Albert Ellis）和貝克博士（Aaron Beck）做過幾十次研究，發現如果人們能改變非理性想法，就能逐漸培養理性的態度，進一步減少焦慮。而我們不理性的地方，體現在四個方面：

1. 消極逃避

那些消極逃避的念頭，會讓你不斷說服自己放棄與陌生場合的接觸。許多人怯場的焦慮都屬於這種負面思維。這時，你需要理性地問自己：為什麼這件事讓我緊張？把原因描述得越具體，就越容易找到解方。

例如你要打電話給喜歡的人，很緊張所以遲遲不行動，那是什麼讓你緊張？是擔心被對方拒絕，還是擔心打電話會造成對方困擾？又為什麼對方會拒絕你？是時間不對、說話不得體，還是你不知道該說什麼？

這些問題，有時並不是客觀情況的反映，而只是你自己的設想，說不定對方並沒有這樣想。可能對方根本不太在意你說錯話。

如果這些問題真的讓你緊張，那就不要逃避，積極解決。你在過往經驗中有過類似感受，現在你要做的就是改變它們。提高能力直到可以適應當前挑戰，而不是默默在心裡祈禱別人突然大發慈悲，接受你的缺點！

2. 小題大作

有些事不一定是你能力不足，也可能是當事情不往你預想的方向前進，你就以為會走向糟糕的結果。這種心理就是小題大作。

做出不合常理的設想，接下來就會引發一連串更不好的結果，其實這種自己所想像的結論屬於邏輯學上的謬誤，稱之為「滑坡謬誤」，好像沿著一個滑坡一直滑下去，根本停不下來。例如，不好好讀書，你將來就找不到好工作；找不到好工作就沒有錢；沒有錢就無法好好生活；無法好好生活，你就只能偷拐搶騙；如果偷拐搶騙，你就會被送進牢房；被送進牢房，你這輩子就完了。你說，這是不是小題大作？

你在焦慮心理下對於可能性的設想也是如此。然而，事實往往沒有你想像中的那麼可怕。如果你有這種心理，問一問自己：我想像中的那些可怕後果，發生機率有多高？給自己一個確切答案。

千萬不要用籠統的詞彙來描述自己的情緒，像是太可怕了、太糟糕了、太丟臉了，最好先放在一邊。實驗證明，減少使用情緒化的詞彙能顯著減少焦慮。下一次，先別急著用這些負面詞語來描述自己的情緒，也別把事情想得太糟糕。應該告訴自己：反正最差的結果只是尷尬而已，如果能及時道歉或修正，也沒什麼好怕的。

3. 以偏概全

因為一次不好的經驗，就認為所有事都會有不好的結果。這種偏頗的想法會影響到你展現自我，例如給自己貼上不好的標籤。例如你覺得自己是內向的人，就認為這麼內向應該永遠沒辦法好好說話了；你覺得自己是安靜的人，就認為乾脆不要開口，安靜坐著就可以了。

有些人認為，過去的行為會決定將來的行為；過去的失敗也決定了將來的失敗。這些都是貼標籤的負面想法。沒有人是完完全全內向的人，否則就是重度孤僻；也沒有人是完完全全安靜的人，否則就是嚴重憂鬱。你在某些情況下，可能就會表現出不同特質。如果接受了這些標籤，很容易會陷入以偏概全的惡性循環。

你覺得你很失敗，是因為之前沒有成功，於是證明了你做事失敗；正因為你覺得自己做事很失敗，所以什麼都不敢嘗試；因為什麼都不敢嘗試，於是做什麼都不成功，結果就是你做事很失敗，周而復始。

改變現狀的方法是跳出窠臼、反駁自己的標籤。你要找出反例，去證明自己不是一直這樣。不是要找出一些能呼應的例子，而要找出一些相反的例子去推翻偏見。

4. 追求完美

要求自己表現得完美無瑕，完全符合預期——這種思想就是吹毛求疵。很多有社交焦慮的人，往往容不得一點表現不好的地方，做錯了一點點就很難過、很尷尬、很丟臉。他們認為自己做不到完美的表現，寧願待在舒適區，遲遲不敢行動。

有心理學家做過一個實驗，隨機找了三組受試者，讓他們臨時發表一場主題演講。但每一組人各自被隔離，並分別被告知演講的要求。第一組人被要求整個演講過程一定完美無瑕，不能犯錯；第二組人被要求可以稍微犯錯，但不應該超過一定次數；第三組人被允許可以犯錯，沒有次數限制。

而實驗結果，表現得最自然，演講效果最好的就是第三組人，因為他們沒有任何壓力，可以隨心所欲地講述。而被要求要完美無瑕的第一組，整個演講都給人很死板、僵硬、毫無創造力的感覺。該實驗證明了，我們與人交往時，過分要求表現完美會使焦慮變得非常明顯；但如果對自己、對他人不那麼吹毛求疵，反而能表現得更自然。

所以不要害怕犯錯，只要沒有傷害他人，偶爾的小錯還可能讓你看起來更可愛。

改變外在行動

要把上述四種不好的負面想法調整好，就必須透過行動。當你改變行動的方式正確，就能真正減緩焦慮。

美國學者溫德爾．詹森（Wendell Johnson）創造出一個叫ＩＦＤ的理論，述說人類在追尋理想目標的過程中，如果沒有詳細規畫，就會不斷遭受挫折，直到變得意志消沉，最終放棄。為了順利克服社交焦慮，你必須給自己設定一個切實可行的詳細計畫，以此來提高心理素質。而這個計畫，我建議分為五個步驟實行。

1. 制定具體目標。
2. 制訂具體的行動方案。
3. 私下的演練準備。
4. 獎勵自己。
5. 重複行動。

克服焦慮或增強心理素質，一定要循序漸進，千萬不能幻想用幾天時間就能蛻變，給自己的最低限度必須是一個月。例如，你想克服焦慮，可以設定目標是要克服當眾演講的焦慮，還是與人接觸的焦慮，或是跟心儀對象約會的焦慮。如果你想克服與人接觸的焦慮，希望面對任何陌生人都能流利交談、自然應對，這就是你的具體目標。有了這個目標，接下來就要制訂行動方案。

鍛煉時要從易到難，一開始要求自己每天跟一個陌生人聊天，可以是服務生、銷售員、快遞小哥、圖書管理員等。而每次聊天，要求自己說出三句話就行。堅持了一個星期之後，如果覺得沒什麼難度，就要加大行動，每天跟三個陌生人聊天，每次聊天時間約五分鐘，諸如此類。

這整個過程，你一定會出現前文那種非理性思想，這時就要運用理性來克服人類的這些天性反應，而私下模擬這種作法，可以讓你在真正行動時更得心應手。例如先設想跟送貨員聊天要如何開始？是在說完謝謝之後，詢問對方下雨天對送貨有沒有影響；還是詢問對方，以後送快遞要如何聯繫他（就算你不是真的需要，但這可以引發聊天）。這些情況在開始行動前，最好在私下演練幾遍，先準備好幾個問題，想一想怎麼發問才得體、才自然、才不會惹人厭；設想一下對方這樣反應要如何應對，那樣說話又如何回答。準備會讓真正的行動更實際。

這種排練，既可以提高你的技巧熟練度，也可以提高心理素質，因為你行動之前的模擬一定會讓你膽戰心驚。只要能從易到難一層層去克服心理障礙，你會在行動中慢慢習慣這種焦慮，直到減緩。

最後，當你在第一天完成跟一個陌生人聊了三句話這個要求之後，要獎勵自己，像是喝杯奶茶、跟朋友逛逛街、看看電影等。每一次獎勵自己，千萬不要夾雜自我批評，像是「這次聊天很拘束，做得不夠好」或「我還是太緊張了，說了等於沒說」。記住，沒有一個開朗的人會常常責備自己，也沒有一個內向的人會常常誇獎自己。達成目標一定要由衷讚美自己。

有了鼓勵，有了信心，接下來是重複行動，根據需要把難度加大，增加應用的場合，累積不同情況下的經驗，直到能輕鬆表現。只要堅持這幾個步驟，你自然會懂得控制焦慮，它也不會對你有影響了。

4 突破當眾說話的恐懼心理

在某些情況下，擔心說得不好導致緊張——是我們口才行為中最常見的毛病。其實，很多舞台經驗豐富的主持人，也不可避免有這種想法。即使是有實際經驗的語言高手，也要和緊張的情緒作戰。

我看過一個訪談節目，主持人請來了曾志偉、陳百祥等知名香港藝人，問他們一些關於主持工作的事。其中問到，他們上台主持時緊不緊張。曾志偉說：「無論什麼時候上台主持，我都會緊張。因為當你第一部分開口說錯了，那麼接下來的部分，一定不會說得流暢。但如果第一部分說得好，接下來就好了。所以常常擔心一開始就出錯。」然後他還說，雖然台上看起來侃侃而談，但只要回後台，他們不是休息，而是趕緊找其他人一起對稿，因為擔心緊張會影響主持——連這麼有經驗的主持人都會緊張，我們一般人說話有一些恐懼又何妨？

記住，就算已經上台講話九千九百九十九次了，他們在第一萬次上台之前仍然會緊張。跟我們一般人不同的地方在於，他們能帶著緊張說話，能克制緊張，然後自如表現，而一般人卻連克制緊張都做不到，還會反過來被影響。

所以，如果你對說話的恐懼已經影響到正常表現，那麼學會調整情緒，努力克服恐懼就是必要行動。怎麼做呢？

保持心態積極

我們許多時候對說話感到恐懼，是因為內心有不好的信念，好似身上的惡魔，不斷在耳邊說：「你講不好，你一定表現很糟糕，你做不到。」一旦經常聽到這些負面言語，久而久之，心裡對於說話這個行為就會產生抗拒的恐懼感。

無可否認，面對一群人發言，對很多人來說是一種非常艱難的挑戰。這種挑戰，讓你緊張或不適都很正常。但你無須把它當成一件大事，反而可以把它當成一種鼓勵。如果你表現出一個非常自信的姿態，那你會慢慢由此感受到對自己的信心；而你越是刻意隱藏緊張，它就會越是會影響到行為。

也就是說，你的內心至少要保持積極的力量，暗示自己不要屈服於緊張，不要被緊張吞噬思想。你要懂得用一種非常堅韌的姿態，站直身體去對抗這種緊張，而不是蜷縮在一角，任由緊張蠶食表現。

人的大腦有負責情緒的部分，也有負責理智的部分。當負責情緒的部分太過強大（例如你感覺緊張），那理智的部分（例如能讓自己不緊張的行為）就會失常。可是反過來，當我們理智的部分十分強大，情緒的部分就會被抑制。

所以，下一次你腦海中的惡魔向你灌輸一些負面的語言，影響你的情緒，這時你就放出天使，運用理智的頭腦告訴自己：你一定可以，你一定做得好，你沒有問題。給自己加加油，鼓勵自己，用積極的信念去掌控壞情緒。這時，你就會緩解恐懼感了。別一開始就對緊張認輸，這是挑戰之一，你得努力去戰勝。

設想可能發生的真實情景

恐懼說話的人，想像力都非常豐富。他們總能想像出開口之後最糟糕的後果，然後當成是真實來看待，恐嚇自己到步步退縮。例如跟心儀對象聊天，連事情都還沒發生，有些人就能想出各種後果。

設想總會以某種方式實現，無論是好是壞。如果你認為眼前的聊天對象充滿敵意，你可能會採取防衛姿態，這樣一定會干擾談話的流暢。但如果認為對方態度不壞，或許你就能用正常的姿態去面對。

所以，如果希望用不緊張的姿態去面對聽眾，就不妨設想一下情景，想像一下自己不緊張會如何表現。熟悉並感受一下不緊張的情況，這種方法，對於許多社交恐懼症的人都非常有用。例如閉上眼睛，設想你跟別人說話時曾經有的積極回應，那是什麼樣子？然後試想聽眾向你釋放出善意的態度，把這種感覺保留在腦海裡。我相信，這種積極想像會給你鼓舞。

情景預設，十分適用於那些你不敢開口的場合或對象。想一想對方的積極回應，你是不是有種成功一半的感覺？接著以此開啟對話，你就能控制自我心理，把虛擬的感覺應用在現實中。情景預設之所以有用，是因為它恰恰控制了你腦中對自己的印象，切記不要自以為是地設想一些不好的聽眾以及他們的想法，結果影響到你對自己的看法。

我以前在話劇社表演前，會設想自己正扮演一個角色，而好戲正在上演。我就不斷訓練這個角色，直到熟悉扮演的感覺。所以當你緊張時，設想一個不緊張的自己，面對的是善意的場景，接著熟悉一下這種感覺，心理就會有譜了。你無須擔心自己看起來裝模作樣，要知道，我們每個人的性格都是多面體，你越想表現出自信的一面，信心就會變得越來高昂。經過練習，自信會在你身上自然顯現，而情景預設，正是讓你獲得自信心的最佳武器。

用外在表現對抗恐懼

我們面對他人說話，內心的緊張程度一般分為三種。

1. **低等程度的緊張**：說話者會感到輕微緊張，但心裡會認為聽眾大致是中立的，不會帶有任何偏見，聊天反應非常正常。正如我們面對不太熟悉的朋友、工作夥伴，或者其他陌生又沒有交集的人。

2. **中等程度的緊張**：說話者會假設聽眾對自己有負面態度，認為一開口對方會轉頭就走，不予理會，結果導致封閉自己，並因此和聽眾產生距離。他們寧願躲在一旁，也不敢走出來跟說話對象有任何眼神接觸。

3. **高等程度的緊張**：說話者的逃避問題就更嚴重了，認為所有人對他都有敵意，還沒說話就會嘲笑他、鄙視他、看不起他，覺得自己失敗了很難堪，被人唾棄，心裡總是覺得對方在等待自己犯錯。

這三種程度的緊張，會慢慢增加我們跟聊天對象的距離。想解決問題，就必須用「不緊張」的表現來蓋過緊張心理。

我在前文說過，心理會影響到行為，如果你很緊張，你就會表現出一系列緊張行為。其實反過來，只要行為表現出鎮定，大腦就會誤以為眼前的場景沒什麼大不了，最後會慢慢變得不那麼緊張。

首先要調整呼吸。注意是深呼吸，用腹式呼吸法，氣沉丹田。然後試著讓自己的身體放鬆下來，意識到身體繃緊的話就盡量舒緩，直到身體可以很自然地動作。這時，你可以做一些舒展，動一動頸部，鬆一鬆肩膀，都可以幫助你放鬆喉嚨和聲帶。你這樣說話就不會給人緊張的感覺。

此外，為了減輕恐懼感，可以給你的談話注入親切和熱情。因為態度親切，所以談話沒有攻擊性；因為情緒熱情，所以能感染聽眾。當你能做到這兩點，很快就可以打破隔閡，讓聽眾專注在你要傳達的資訊，而不會把目光放在你緊張的表現。

其次，你一定要把注意力更集中在要講演的內容，而不是情緒。如果要跟服務生要一杯開水，你要表達的主要內容是開水，而不是緊張。把想法從自己移到內容上，就能克制焦慮感和恐懼感。畢竟，你想要別人不對你產生負面思想，就要給予一些正面的思想。

尷尬其實很好化解

許多人害怕站起來開口講話，是因為他們認為這是一件沒把握的事情。他們自覺會被一些詞語弄得支支吾吾，或是自覺表達不完全、不充分，也可能忘記最關鍵的重點。

其實，不要把犯錯看成一件嚴重的事，因為聽眾理解每個人都會犯錯。他們更想知道，你犯錯時是如何應付和處理。

最簡單的方式，就是直接認錯。如果你想表現小聰明，有時反而容易弄巧成拙，倒不如大大方方說一聲「不好意思」，更可以順利化解尷尬。

如果你真的擔心聽眾的反應，就應該建立自信，學會藐視恐懼。每天早上一睜開眼就開始鼓勵自己，讓自己每天都充滿正能量。當你做到這些，有了這種心理，再學習一些應對尷尬、刁難的技巧，運用起來會更加得心應手。累積足夠信心去面對困難，戰勝困難，自然就不會再受說話的恐懼感困擾。

不再緊張的準備方法

不打沒準備的仗。對說話來說，做好準備也是重要的一環。如果說話之前都不知道自己要說什麼，然後硬要去說，緊張和恐懼自然是理所當然。

例如你不懂得怎麼與人交往，你自然會恐懼與人交往；如果你不知道跟合作夥伴怎麼談生意，你自然對談判沒把握。沒準備就貿然站出來說話，確實很容易令人緊張。那怎麼才算準備好呢？

就是懂得根據客觀情況，針對性地做好應對方法。好比你明天要上台演講，那麼今晚你就要準備好演講內容，熟練地說出它們，經過一次又一次的排練才能打好這一場仗。當然，日常生活聊天的準備不是在前一天，而是每一天。如果平時一點累積都沒有，開口說話就是一件困難的事。

平時多累積溝通經驗，多感受與人說話的感覺，不管是朋友、家人、陌生人，還是其他問路或買東西的人，適當聊個幾句，會提高我們的心理適應性。好比你經過講台的時候，刻意待久一點，感受被人注視的感覺，以後你上台說話就會知道那種感受了。

時時刻刻都做好說話的準備，多投入一點時間集中練習。有充分準備、大量練習，才能夠鎮定自如地在任何場合說話。

5 角色演繹法：突破自我角色限制

很多朋友在鍛煉過程中，都會遇到一個問題。他們鍛煉了很久，私下可以侃侃而談，但一走到人前，原本高談闊論的口才就忽然間消失了，不是焦慮得啞口無言，就是說得吞吞吐吐。換言之，無論他們怎麼去學習，卻依然無法讓自己變好。為什麼？

歸根究底，就是固有的人格特質限制。其中的特質——心理素質，對於我們在人群中自如表達有著至關重要的作用。但問題在於，提高心理素質並非一朝一夕。而且在我看來，一些日常表達並不需要具備多強大的心理素質，卻還是有人無法順利在眾人面前流利說好一段話。這樣不管多努力鍛煉，也很難改變與進步。

這時，想解決內在特質的問題，就需要用到特定方法。而這，就是調整自我角色。

我該是誰？自我角色效應

我曾經叫車去工作地點兩次，都是很趕時間的情況。

第一次，我發現司機開車開得很慢，於是提醒說可不可以開快一點，兩點之前到不了我會遲到。這位年輕小哥，輕輕地回應我：「你趕時間嗎？那我現在開快一點。我平時開得很快，但怕客人投訴，所以載人都開得比較小心。」他說完就踩油門狂飆。說實話，技術還挺不錯的；而第二次，司機同樣開得很慢，我又提醒了一下。這次，司機的回應很不一樣，他說：「你趕時間？早說嘛！我就是開快車的人啊，人稱極速一百二，聽名字就知道我多厲害了。坐穩啦，免得我的車技嚇到你！」他說完後就深踩油門，狂奔目的地。

這兩件事給我什麼啟發？兩個司機對同樣的話語給了不同回應。儘管他們都按照要求提高了速度，然而，他們對我要求所做出的回應，卻有兩種不同角色的影子：一個是文靜內斂，一個是熱情開朗。

為什麼很多人，無法用一個熱情開朗的方式去表達自己呢？原因在於，他們用自身角色該有的方式，說出了角色應該有的話語。你如果是一個將軍，一定會用將軍的口吻跟士兵發號施令；你是一個皇帝，也一定以皇帝的姿態跟群臣傳達旨意，否則，用太監的姿態去說話成何體統？

這就是自我角色效應。一個人的自我角色，會使這個人的言談舉止產生相應的變化。很多雙胞胎外表和年紀完全一樣，可是其中一個做了哥哥或姐姐，另一個卻做了弟弟或妹妹，於是言談舉止就以角色定位展現出來。也就是說，一個人對於自我角色的定位，會以相應的角色影響言談舉止。

自我角色從哪來？

如果你對現在的自我不太滿意，可能是自卑、內向，或膽小，這種心理素質也許是你的自我角色造成的限制，讓你表現出相應的行為舉止。

那自我角色是怎麼建立的？人與社會活動的互動過程中，會得到各式各樣的回饋，這些回饋被大腦接收、整理、解讀、輸出，從而變成我們思想的一部分。

一般來說，有三種社會互動方式能夠讓我們建立起自我角色。

1. 從外部而來的自我定位

例如一個窮人，突然中了五百萬，那麼他對自我角色的定位，就從窮人變成了有錢人。然後他就以「有錢人」的角色表現出相應的行為：買好車、買別墅、買金項鍊，出手闊綽。

但這個角色只是短時間的改變，屬於外在自我的改變，而內在的自我依然停留在以前的思想水準。可能水準不夠好，他有些行為表現出低素質、沒教養的樣子，像是在機場大呼小叫，對社會地位較低的人擺架子。某種程度上，暴發戶就是這種自我角色轉換而產生錯位行為的稱呼。

2. 在成長過程中，根據社會認可而來的自我定位

例如馬雲，透過自己一系列躍升，從普通人變成巨富，這個自我定位就是從社會活動的互動中長期累積的。通常只要知道馬雲是誰，就不會對他的富人角色有太大異議。

有些人在工作上的角色是一個主管，而回到家的角色，就變成了一個父親。這是不同的社會活動賦予的不同角色。但除此之外，在你的成長過程中，因為環境、家庭教育等不同的社會互動方式，自我角色可能會逐漸變成一個自信勇敢的人，或者變成一個自卑內向的人。這種自我角色定位，就是在這種互動過程被潛移默化影響而得來。

對於這個角色，認識你的人都知道你是怎麼樣的人。我們多少會聽到別人對我們的角色評價：他這個人好勇敢；原來是一個說話不自信的男生；他做什麼都很笨。

這種類型的自我角色定位，不一定是真實的，純粹是外界歸類「貼標籤」的做法。即便是父母，也很難完完全全了解我們的潛在能力。就如愛因斯坦這麼聰敏的人，小時候也被老師評價為一個笨蛋。然而，許多人的行為舉止可能會受限於角色限制。既然自己是沒用的人，反正做什麼都沒價值，乾脆就自暴自棄，繼續盡心盡責地扮演這個角色。

想一想，目前你的自我角色，是不是表現出相應的言談舉止？如果你不滿意，是否表示自我角色對你造成了很多限制？你明明希望自己能自信地站在人前侃侃而談，但自我角色卻讓你一直表現得內斂膽小，連開口的勇氣都沒有；你明明希望自己受人歡迎，可是自我角色所表現出來的行為，卻讓身邊的人越來越討厭你。

當你無法意識到這一點，固有的自我角色就會一直限制你，導致你不管有多努力都無法改變自己，獲得進步。想突破的話，就要利用第三種方式來獲取新自我角色，重新給自己一個恰當的定位。

3. 主動調整而來的新自我定位

人的個性有千萬種，並無好壞之分，只看是否能應付各種社會活動的需求。當個性所塑造出來的角色不符合需求，那就會很容易被排斥，或無法完成該完成的事。

好比追求對象可能需要幽默開朗、積極熱情的自我角色，如果一直使用內向害羞、膽小木訥的自我角色，可能無法應付這種社會活動；又如你在公司是很厲害的主管角色，但回到家之後，你需要做父親、丈夫的角色才能建立家庭和諧。如果你做不來，不知道怎麼做，或用主管的角色與家人相處，那一定會出問題。為了順利解決這個問題，你需要建立一個新的自我角色。接下來將詳細說明四個步驟。

建立新的自我角色

所謂的建立，並不是用人格分裂的方式獲得一個全新的自我，而是設定符合社會活動的新自我角色，並做出相應的行為舉止。這種做法跟玩角色扮演的遊戲沒有太大的區別，只是步驟的運用會更深入一些。這個步驟分為四步。

第一步、找出適合的角色定位

你原本是斯文內斂的人，要你突然變得狂野——這不是不可行，而是太困難，也沒必要。但如果你本來斯文，經過調整之後變成一個斯文的幽默者，這樣就容易多了。

也就是說，你平時開玩笑，會在斯文中帶有不好意思的感覺。而轉變之後，你依然斯文，但開玩笑時表現的是雲淡風輕的自在感，那麼這種新的自我角色會比較適合你。

每個人個性不同，想變成不同的模樣，也各自有追求。適合別人的角色不一定適合你。如果現在的你，不滿意當前的自我角色，你就要想一想，什麼樣的新角色才是你想要的。如果你連自己想變成怎樣都毫無頭緒，那不管你怎麼努力奮鬥，都很難找得到方法。

所以，在改變之前先思考一下：現在的你，擁有怎樣的自我角色；而接下來，你又想擁有怎樣的新自我角色。注意，這個新的自我角色，不能模糊不清，最好是現實世界中有的參考對象。只有清楚知道新角色的樣子，你才可能朝著那個方向改變。

第二步、區分舊角色和新角色的言談舉止

舊角色是說話沒自信的樣子，那麼新角色就要有自信。這些新舊區別一定要搞清楚。

例如你舊有的自我角色，在跟大家自我介紹時，是聲音細小、畏畏縮縮地說：「呃……大家好。我是……我是陳小明，很高興來到這裡……呃，跟大家見面，我覺得我的經驗可以幫到大家，應該可以，所以……謝謝！」那麼你要知道新角色怎麼說才好，就是要大方自信、聲音洪亮。如：「各位電視機前以及現場的觀眾朋友，大家好，我是陳小明，很高興來到這裡跟大家見面。在接下來的時間裡面，我會跟大家分享一下我奮鬥的歷程，希望這些經驗能夠給予大家啟發。謝謝！」

只有清楚新舊角色的區別，才能用新的、好的行為舉止，取代那些舊的、不好的行為舉止。如果連自信的姿態都不清楚，就很難改掉那種不自信的樣子。所以，在做好新自我角色定位之後，第二步，就是區分好新舊角色的不同。舊角色是這樣做，你知道這種做法不好，那麼相應地，你也一定要知道新角色怎麼做才算好。有了這個基本認知，你才可以進行第三步。

第三步、從私下開始，用新的自我角色行動

雖然心理學對於「言行影響心理」還是「心理影響言行」尚未有定論，但至少目前經過驗證的理論，就是兩者對彼此都有相互影響的作用。

換言之，你想要獲得一個全新的自我，就要用新自我角色那種姿態去行動，用行動來影響心理，從而改變整個人的狀態。例如你在跟別人說話時，通常都是表現出沒把握、沒自信的樣子，那麼現在，你就要在私下練習，用一種自信滿滿、中氣十足的姿態去說出言論；你以前走路垂頭喪氣，現在就抬頭挺胸、目光銳利地走路，慢慢習慣這種不一樣的新感覺。

如果完成第二步的分析，你就會知道自信滿滿、中氣十足、抬頭挺胸的姿態該是如何。那種樣子也可以從參考對象來理解。正如前文提到的兩個司機，他們對於我的要求，第一個採取內斂的回應方式，第二個則是活潑的。當你用新角色開始行動，一定要有意識地使用新的行為舉止，去表現出對應角色的樣子。

你想成為什麼樣的人，就用那種人的方式行動——這句話說明你不能繼續用舊有的行事方式去回應外界，否則就很難改變自己。如果有人跟你開玩笑說「你這個人，也沒什麼特別嘛」，你舊有的自我角色的回應，也許是支支吾吾，欲言又止，想反駁又不敢。現在，你的新角色可不是這樣子，而會用新的回應方式去應對，說：「近墨者黑嘛，跟你這種人待久了，再聰明也會變蠢。」

再如，平時你自己一個人的時候，聽歌都只是靜靜聽著，一言不發。現在透過新角色，聽

歌時就會熱情地唱起來、嗨起來，不會壓抑自己。無論任何時候，都要用新角色去行動，先從私下習慣這種不同的行為舉止。

第四步、鞏固新角色的大量練習

很多人做一些事，發現自己這麼努力做了幾十遍卻依然沒有收穫，於是選擇放棄，繼續感慨自己不如那些拿第一的人厲害。其實所謂的「盡力」、「做了幾十遍」在真正厲害的人眼中幾乎不值一提。你以為做幾十遍就了不起了嗎？你知道嗎？這個「幾十遍」不過是高手的三分之一，甚至五分之一而已。他們可是做了幾百遍，甚至幾千遍都有。

以前微信的小遊戲「跳一跳」還流行的時候，我身邊一個朋友幾乎每個星期都第一，每次都兩千多分，第二名最多也才一千多分，差距太大。我覺得第二名已經很厲害了，就問他玩了多久，他說睡前會玩一下，一玩就一個多小時，加起來玩了幾百次都有！可是第一名呢？我問他玩多久，沒想到他居然天天都在玩，有空就玩，忙完就玩。我雖然不知道他為什麼這麼癡迷，但他能拿第一，正是因為玩了上萬次。上萬次啊！這種大量投入，讓他有了如此的成績。

所以當你覺得自己盡力了，想放棄的時候，想一想，你才重複了多少遍？沒有大量而持續的投入，突然躍升基本上難如登天。如果舊有的自我角色大幅限制了你，而你又想改變讓自己更好，那麼從現在開始，就建立一個新的自我角色，然後投入大量練習去鞏固它！

萬丈高樓平地起。只要你每天都用新角色去行動，不用多久，你一定會感受到內在特質的變化。想要提高心理素質，擁有強大的口才，你必須這樣要求自己。

第三章

說話的硬底子基本功

循序漸進才能突飛猛進。說服、談判與演說需要口才的良好基礎，必須先從心態、呼吸、練習下手。這些書本上鮮少提及的硬底子功夫，我們練習時該注意什麼？

1 訓練的架構：漸進式四部分

口才對於個人的重要性不言而喻。說好話，並不能讓我們達到最終目的，但在通往最終目的之路（如找對象、找工作），說好話可以給我們更多幫助。所以鍛煉口才，就是為了提高獲得幫助的機率，讓我們更接近人生中的各種最終目標。

雖然很多人知道自己需要精進口才，卻苦於不知道如何著手鍛煉。如果沒有系統性的計畫，東練西練很難有效果。鍛煉口才，必須有針對性，更不能操之過急。最好的方法，就是按照一定的流程去練習。而這個流程一般分為四大部分。

第一部分：基本功訓練，旨在提升口齒伶俐的程度。

第二部分：表達能力訓練，旨在提升組織言語表達思想的純熟度。

第三部分：溝通能力訓練，旨在提升與人交往時雙向交流的互動度。

第四部分：進階說話能力訓練，旨在掌握不同情況下各種說話形式的語言運用。

這四個部分最好循序漸進，依序擊破。否則還沒掌握好就急於進入下一個部分，那如果有的地方練得不好，就會拉低口才的整體水準。那每一個部分在鍛煉時該注意什麼？

第一部分　說話基本功

我們把話說出來，最基本的條件就是說得流利、清晰、悅耳。如果支支吾吾、含糊不清、尖聲刺耳，那麼最好從基本功開始練起。基本功不好，很容易影響到我們傳遞出來的資訊。千萬不要以為平時私下說話沒問題，在所有情況下都會沒問題。

測試的方式很簡單：現在請你在非常生氣的情緒下隨便說一段話，你這時能把話流利說出來嗎？恐怕不能！因為在生氣狀態下說話，多數人內心一定很焦急，焦急會讓思維混亂，混亂就讓人無法順暢地說話。

嘗試練習這段話：你這個卑鄙無恥的賤人，搶了我的愛人，搶了我的家庭，搶了我的生活，現在還敢出現在我面前？我這輩子都不會原諒你，請你立刻給我滾出去！

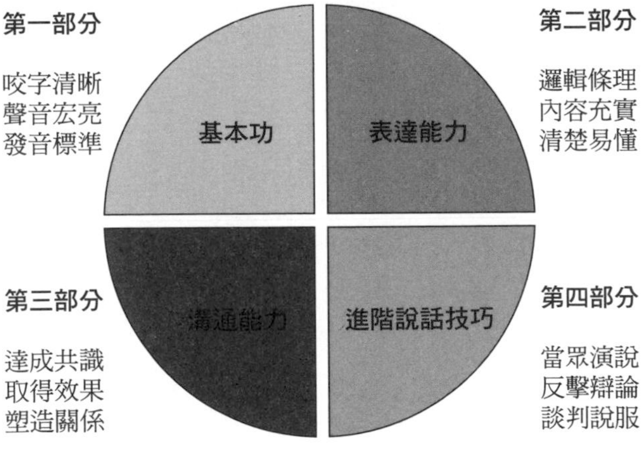

圖1　口才技術架構圖

支支吾吾能表現出那種憤怒嗎？相反，如果流暢完整地說出來，別人可以很容易感受到你憤怒的情緒。基本功不好的話，想罵人都罵不出來啊，真是委屈！而讓自己口齒流利起來的基本功鍛煉，不外乎這種方法，就是重複地快速大聲朗讀。至於用來朗讀的材料，一般是繞口令或者任何一段文字。

為什麼重複、快速的大聲朗讀，對於流利有幫助？舉個例子。外國人的名字，一般都很長又很難念。例如我們熟知的足球巨星C羅，正常的叫法是克里斯蒂亞諾·羅納度。你念不出來，而足球評論員卻可以很順口，這就是因為他們時常反覆念這些外國足球員的名字，從不熟悉念到熟悉，久而久之熟能生巧，流利自然就不在話下。鍛煉口才也是如此。一開始先鍛煉舌頭，不斷透過大聲朗讀材料鍛煉口齒流利程度，持續一段時間之後，就會減少結巴的頻率。

但值得注意的是，不同的文字材料會有不同的效果。例如你念一些非常口語化的雞湯文很流利，但念報紙上的新聞文章可能不會。因為前者的經常用到，而後者的報導文體表達，平常生活很少使用，多說自然流利，少說自然卡住。多念繞口令或多朗讀不同的文章，會提高口齒的伶俐程度。

那怎樣才算出師？我覺得，至少要把十個繞口令和十篇短文朗讀到不用看稿子都能脫口而出，這才算完成任務。如果你能把這些材料都流利說出來，那就說明你具備了繼續深造的條件，可以進入到下一個階段。當然，這個階段的練習，任何時候都可以做。以後要演講，你就拿起寫好的演講稿，大聲朗讀直到脫口而出，就會比其他人更能流利表達。

繞口令練習

1. 山前有三十三棵死澀柿子樹，山後有四十四隻石獅子。山前的三十三棵死澀柿子樹，澀死了山後的四十四隻石獅子，山後的四十四隻石獅子，咬死了山前的三十三棵棵死澀柿子樹，死澀柿子樹從此不結死澀大柿子。

2. 白石塔白石搭，白石搭白塔，白塔白石搭，搭好白石塔，白塔白又大。

3. 老僧倒有八個徒弟，八個徒弟，都有法名。大徒弟名叫青頭愣，二徒弟名叫愣頭青，三徒弟名叫僧三點，四徒弟名叫點三僧，五徒弟名叫崩口軲把，六徒弟名叫把口軲崩，七徒弟名叫風隨化，八徒弟他的名字就叫化隨風。

4. 玲瓏塔，玲瓏塔，玲瓏寶塔十三層，塔前有座廟，廟內有老僧，老僧當方丈，徒弟有六人；一個叫青頭愣，一個叫愣頭青；一個叫僧僧頭，一個叫點點頭；一個是奔葫蘆把，一個是把葫蘆奔；青頭愣會打磬，愣頭青會捧笙；僧僧頭會吹管，點點頭會撞鐘；奔葫蘆把會說話，把葫蘆奔會念經。

5. 我家有個肥淨白淨八斤雞，飛到張家後院裡。張家院有個肥淨白淨八斤狗，咬了我的肥淨白淨八斤雞。我拿他的肥淨白淨八斤狗，賠了我的肥淨白淨八斤雞。

6. 閒來沒事出城西，樹木椰林數不齊，一二三四五六七，七六五四三二一，六五四三二一，五四三二一，四三二一，三二一，二一，一個一，數了半天一棵樹，一棵樹長了七個枝，七個枝結了七樣果，結的是：檳子、柳丁、橘子、柿子、李子、栗子、梨！

第二部分　表達力

說話流利之後，接下來要提高表達能力。什麼是表達能力？就是透過口頭語言，把思想準確地表達出來，而且讓別人能理解你的意思。

在我們日常生活當中，口頭表達大致可以分為兩類：對話方式和獨白方式。只要提高這兩種方式的表達能力，就可以應付生活上各種需求。表達能力差的人，很難快速將見聞的客觀事物，或腦袋的想法，準確地傳達給聽眾。例如你看完一部電影，要如何告訴朋友好看還是不好看？

《金字塔原理》（*The pyramid principle*）這本書提供了一個邏輯表達方法，就是先觀點，後理由；而上一級的理由，也是下一級的觀點。簡化之後的表達流程，就是觀點、理由、例子（例子和理由調換次序也可以。見圖2）。這個表達流程看上去很容易，卻不是每個人都可以輕鬆運用。

究其原因，有四點沒有做好。

第一，沒有確立表達的中心思想，也就是觀點。

第二，當外界的客觀事物和內心所想之事，刺激你產生一種表達欲望後，這時大腦會形成一個對於這次表達的中心思想。例如你看了一部電影，整個觀影過程給予你非常愉快的觀感（外界客觀刺激），接著你就產生表達欲望，最後形成一個表達的中心思想（這部電影很好看）。

於是，你跟朋友聊天，你就會向朋友表達你這部電影好看的觀點。如果不知道自己想說什麼，那是因為尚未確立要表達的中心思想。這樣子，就很難發表自己的意見。

第三，沒有從既有的資料庫裡面，提取可以印證你觀點的材料，也就是理由。

第四，你看完一部電影，這部電影就是一個「資料庫」。要懂得從這個資料庫裡面提取一些材料來印證你表達的觀點。

例如，這部電影是誰主演的，在電影裡面的表演很厲害（材料一）；這部電影的劇情迂迴曲折，不看到後面根本不知道結局，整個過程很有懸念（材料二）；這部電影的特效也很厲害，非常自然地

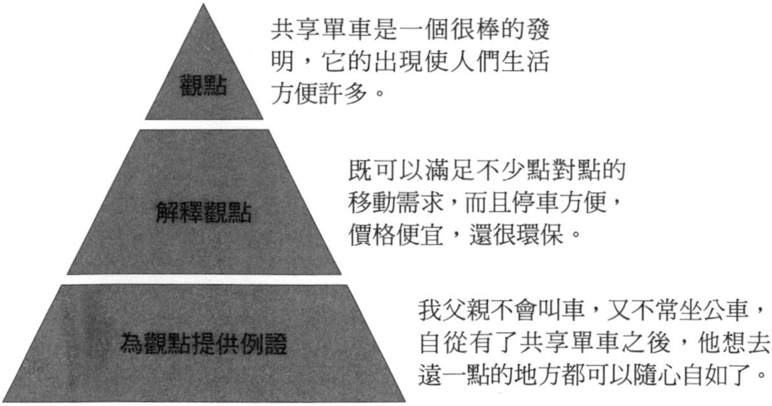
觀點
共享單車是一個很棒的發明，它的出現使人們生活方便許多。
解釋觀點
既可以滿足不少點對點的移動需求，而且停車方便，價格便宜，還很環保。
為觀點提供例證
我父親不會叫車，又不常坐公車，自從有了共享單車之後，他想去遠一點的地方都可以隨心自如了。

圖2　金字塔表達架構

融入劇情裡面，沒有為了炫技而炫技（材料三）；看完之後令人非常震撼，很容易被裡面的角色打動（材料四）。當你能夠把這些從外界獲得的已有材料組合起來，就會形成一連串印證你觀點的理由。

這種表達，就是以中心思想為圓心，再圍繞圓心附上相關材料的句群，從而形成一次思想的交流傳遞。如果你不懂得從這個資料庫裡提取相關材料，就很難繼續表達下去。

那為什麼你無法提取材料呢？原因有三：

1. 沒有用心累積現有的資料庫
   解決方法：專注用心學習。
2. 對談論的事情沒有累積相關的資料庫
   解決方法：多讀多看多經歷。
3. 還沒有對既有的資料庫有自己的理解
   解決方法：多思考，學而不思則罔。

當然，組合材料在日常對話中並無特定順序。

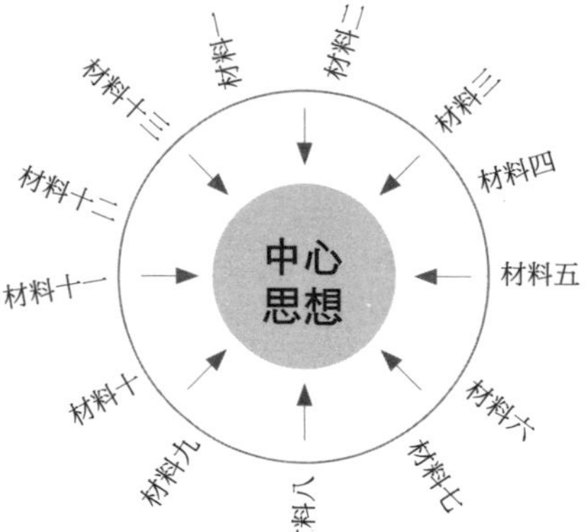

圖3　敘述時，每個句子材料都圍繞著中心思想

閒聊是想到什麼說什麼就行，但在一些特殊情況，最好是先說重要的，再說次要的。先把重點說出來，其他細節再慢慢補充。例如你遇到交通意外，受了點外傷，你跟父母說這件事，就應該先表明你沒事這個重點，而不是先描述你被小車撞倒在地，還受傷流血。雖然只是外傷，但你媽聽到你這樣說一定會嚇死。

如何提高表達能力？背誦相關的文章，然後經常用自己的語言把這些文章複述一次。背誦是累積表達的框架，複述是按照框架說出自己的話。如果你不知道如何描述一件事，就多讀描述性的文章；如果不知道怎麼說明一件物品，就多讀一讀相關的說明文；如果你抒情的話說不出來，就多讀一讀抒情類的文章，培養語感；不會講故事，就多讀一讀講故事的文章。

有了這些文章的框架，再用自己的語言複述出來，這樣一來表達語感就會形成，表達能力就會大大提高。

第三部分　溝通力

有了表達能力的加持，你的溝通能力有了培養的基礎。溝通的目的，就是透過語言交流，最終讓彼此的思想達成共識，取得某些效果。例如跟家人溝通，可能是希望對方能按照你的想法去做；也可能是你想透過溝通解決對方不開心的問題。

溝通不像閒聊，可以天南地北，而是需要透過你的語言跟交流對象一起尋求最適合彼此的解決方案。看到朋友失戀，你溝通就是希望他可以振作；看到孩子不聽話，你溝通就是希望他安分一點；看到老闆這麼苛刻，你溝通就是希望員工能有更好的待遇。

很難用一篇文章來講述溝通，但凡是好的溝通，都應該做到五方面：確立溝通目的、找對溝通時機、制定溝通策略、對溝通做出反饋、妥協達成共識。

例如你想讓老闆提高待遇，這是溝通目的，也是第一步。那怎麼去溝通呢？

你當然不能在老闆剛失去一樁生意的情況下貿然開口，結果只會失敗；同樣，如果剛到職不久就要求加薪，也沒人會理你，因為你沒這個籌碼。當你做出成績，而在薪水跟能力無法匹配時跟老闆溝通，可能會有不錯的效果。這就是識別最佳的溝通時機的重要性。就像你看到朋友不開心，結果也不安慰，還找人家幫你做事，誰會答應呢？

第三步就是制定溝通策略。你看到朋友不開心，這時拍拍對方的肩膀，簡單說「你不要這樣子」、「你不要哭」，或者坐下來聽聽對方不開心的原因，然後再為對方排憂解難，這樣會好一些嗎？

沒有一種溝通策略是萬全的，只能根據當下的情況、對象來調整。對其他人來說最好的溝通策略，可能對你是最糟的。一旦發現自己目前的溝通策略沒有任何效果，就應該換另一種策略跟對方溝通。在商界，這類型的案例有很多。這一次大家無法達成共識，下一次微調談判的溝通策略，最後就談成了。

也因此，回饋的結果就是對自身策略的調整。看看對方的底線，也看看自己的接受程度。如果你跟女朋友說：「喂，給我倒杯水過來。」這個溝通策略很糟糕，超出對方的底線，這時你可以調整策略，換成：「親愛的，可以幫我倒杯水嗎？給你親一下！」這樣或許還在你接受的程度範圍，犧牲一點臉皮，做出讓步，未嘗不是好策略。當雙方都為某個目的做出讓步，例如不再傷心、不再開高價、不再頑固，這時溝通就算完成任務了（見圖4）。

溝通並非萬能，不要奢求任何事都可以用溝通解決。但溝通，卻是我們與外界構建、維持良好關係的有效手段。如何提高溝通力？提高你的情商，溝通能力也會隨之提高的。這部分會在本書最後一章說明。

第四部分　進階說話技巧

簡單的溝通，只需要你懂得站在他人的角度看問題就行，而高級的溝通，這還遠遠不夠。有時候，溝通需要運用到很多說話技巧，例如演講、說服或談判技巧。每一種說話能力，都可以根據你自身的需求進一步學習。

想要掌握這些能力，必須做好前三部分的鍛煉。有了前三部分的鍛煉做基礎，學習高級的說話技巧則是船到橋頭自然

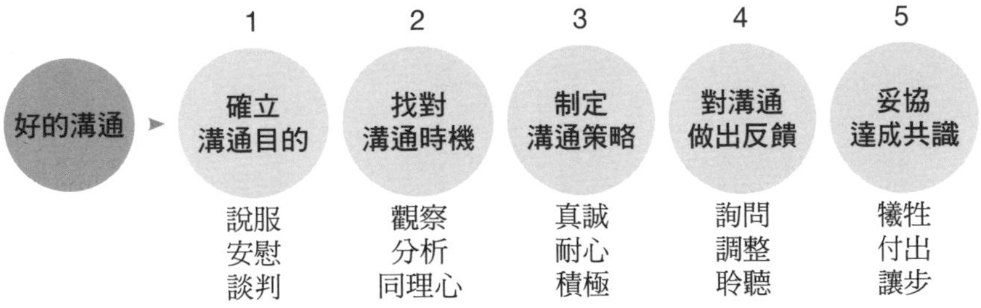

圖4　一流溝通的架構

直。關於這些技巧的細節，包括演說、辯論與說服，其他章節會詳細著墨。明白自己到底需要提高哪個部分的口才能力，然後著眼於自己生活所需去鍛煉，就會更快到達你設定的最終目標。

2 從心態、技巧到練習框架

想在說話中展現出語言的力量，你必須擁有好口才。而好口才一定是由三個要素組成：良好的心態、熟練的技巧，以及累積的知識——也就是說，擁有好的心態，懂得運用技巧，加上知識的支撐，才能組成有效的口才。

這三個要素，從不同層面影響著說話能力。有些人私下口若懸河，面對人群卻啞口無言，就是因為缺乏膽量，不夠自信；有些人心態平時不錯，說話卻總是詞不達意，或者缺乏了某種表達能力；而有些人膽量夠，也敢於開口了，說的話卻沒什麼內容，給人的印象不深，那就是缺乏相應的知識，沒有底蘊，或者缺乏閱歷，無事可說。也因此，提高口才一定要從這三方面著手鍛煉。先說說如何培養良好的心態。

良好心態的養成

我已經在前面的章節中，具體講述克服影響說話的各種心理障礙的方法，這裡再補充一些。不敢在大家面前說話自如，說穿了是缺乏膽量、自信心不足。為什麼缺乏勇氣？不外乎認為自己不夠好，覺得外表、學識、能力等方面上不了檯面，擔心一言一行會引發嘲笑，於是蜷縮在一角不敢輕易發言。

當然，有一些人天生內向，數年來很少接觸他人，又缺乏社會閱歷，結果養成了不敢開口的習慣，覺得言多必失、禍從口出，為了保護形象，時時刻刻都提醒自己能少說就少說，所以適應不了說話的情況和感覺，需要表達時無法鼓起勇氣。但有些事，逃避一次就少了一個實踐機會；沒有實踐機會便就得不到相應的鍛煉，生活永遠都局限在一個小範圍，又怎能進步？

這不單單是說話，還會連帶產生其他問題，例如人際關係、事業發展、戀人相處等。

要提高心理素質，自信和勇氣是很重要的因素。獲取自信的第一步，就是正確評價自己，用積極的態度去肯定已有的東西。不妨將自己的興趣、嗜好、才能、專長等全部列在紙上，看看目前哪些會，哪些不會；哪些做得好，哪些做得很吃力。記住，千萬不要跟別人比，一定要跟自己比。

例如，你寫文章比手工藝更有把握，說明你寫文章比較有潛力。比起看經濟新聞，你更喜歡科技方面，這表示你的興趣集中在後者。列出一張表，看看自己到底是怎樣的人，然後從擅長的方面培養信心，一步一步慢慢提高，這樣一來，自信心就會累積到一定程度。

技巧的逐步熟練

所謂熟練的技巧，就是說話技巧和應變能力。我們在生活中說的話，基本上可以涵蓋以下八個方面：講述、論述、描述、反駁、指示、解釋、彙報、應對。

上述其實都可以歸納為：你怎麼說。你很可能聽過這句話：怎麼說比說什麼更重要。是的，你什麼根本不重要，重要的是用什麼方式說出來。這八大類別，在不同情況和場合都各有作用，相互影響。在日常生活中，很難單獨運用。你在講述時一定有解釋；你在回應時也一定有論述成分。

你當然可以個別提高這些說話能力，正所謂缺什麼補什麼。但我相信，只要基本功鍛煉到一定程度，提高這些能力馬上就能「舉一反三」。那麼，該如何鍛煉基本功？

背誦，複述，描述：最有效的練習框架

逐項列出訓練方法太繁瑣，在此用一個具體流程來說明。

首先準備一段材料，我建議是一篇演講稿，幾百字就可以，然後朗讀它。記住，朗讀一定要最大聲、最快速、最清晰，缺一不可。剛開始朗讀，你一定會讀得不順利，沒關係，一直讀下去，而且一次要比一次快，直到你可以達到的最快速度，並且流利說出來為止。這時你的口

腔肌肉受到鍛煉，聲音也敢於由內而外發出來，跟大聲唱歌差不多。只要能用最快速度把文章讀出來，你的思維也會連貫，這是速讀法的運用。

如果在朗讀時遇到不會念的字詞，或覺得自己發音不標準，那你最好查字典找出正確讀音；如果實在不知道怎麼念，現在手機上有很多幫助發音的App，按照上面的發音跟讀，就能糾正錯誤。一定要堅持大聲朗讀，只有這樣才可以改正聲音細小、中氣不足的毛病，做到字正腔圓。

好了，當你可以用最快速度讀出這篇演講稿之後，是時候背誦它了。我相信讀了這麼多遍，你多少會記得內容。但我不會刻意背誦，因為當你讀得多了，大腦自然會背起來。我在十年前背的古文，現在都還可以流利、一字不差地背出來，就是因為當時我讀了幾十遍，每一遍都是用大聲的速讀法。

但為什麼要背誦呢？想一想主持人每個節目的開場，是不是都有開場白？「各位觀眾，歡迎收看〇〇〇，感謝〇〇〇對我們的大力贊助，接下來我們為你們奉上最精彩的表演！」一旦你熟悉了這個開場白，有了框架，就算主持其他節目也只要替換詞彙，再加上適當的話，就可以拿來用。

沒錯，背誦的作用就是累積說話的框架。只要框架多了，你的詞彙自然豐富，面對任何場合自然「水到渠成」。適當累積一些不同場合的架構，如祝酒詞、自我介紹等，都很有用處！

但我們不可能死記硬背這麼多東西，一定要有自己的想法。這時，你就要複述它了。在學習領域中，有一個方法叫作費曼學習技巧（Feynman Technique）。這個技巧有四個簡單的步驟：

1. 選擇一個學習的材料。
2. 把它教給另一個完全不懂的人。
3. 講述期間如果卡住，先回到原始材料取得理解。
4. 盡量調整自己講述的語言，使材料更清晰、更有條理。

而複述，就是藉由這項技巧來增進語言表達並且爬梳理解。當你背熟了一篇演講稿之後，可以用自己理解的方式把它複述出來，語言完全不用按照原文一字不漏，盡量使用個性化的語言。

例如原文寫著「此類方法簡直讓人難以置信」，你在複述時可以口語化，說成「這種方法，簡直很難讓人相信」之類的。有時候還可以添加自己的看法，如「這種方法啊，對於有經驗的人來說，簡直很難讓人相信」，諸如此類。

剛開始，你可能複述得不是那麼好，會漏東漏西，但沒關係，隨著不斷重複的複述，你會對這篇文章越來越熟悉，於是複述就越來越有感覺。同一個意思，你可以用其他句型表述出來，這就是複述的力量。

複述，就是用你自己的話表達其他人的意思。以後當這個能力提升了，就不需要以背誦來打好說話架構的基礎了。這時你只要看過一篇新聞，就可以很輕鬆的複述出來。但如果不經過「背誦—複述」這種對比訓練，就很難掌握那種複述的好壞感覺。

有了複述的語言練習，那麼描述鍛煉，就是在這基礎上進一步推進。複述有材料讓你參考，而描述，你就是發表第一手資料的傳播者。你看到一件交通事故，去過某個漂亮的地方旅遊，而別人都不知道，這時描述就派上用場了。

描述跟寫作文很像，把重點部分著重說出來，次要部分就輕描淡寫一些。這跟觀察力有關。例如你看到一棟宏偉建築，要如何透過說話來讓聽眾感受到那種宏偉？你的話語必須建立在很好的觀察上，如果連自己都不知道那個東西的模樣，又要如何講給別人聽？要注意的是，想像力也很重要。用想像力來補足你不太了解的部分，也是說話上很大的輔助。

至於你能不能把想像的事物好好表達，也跟描述能力有關。怎麼提高呢？可以多做「看圖說話」的練習。這種「看圖」在生活中俯拾皆是。以後你面試，HR你說說你以前的工作經驗，這時就會用到描述能力了。至於模仿，顧名思義是模仿說話高手，但我有更好玩的鍛煉方法，怎麼做？回到上面的方法，把你讀的那篇演講稿，模仿各種喜怒哀樂的語氣說出來——這種事，臉皮薄一點的人不會想做。文章明明很嚴肅卻讀得像是有喜事，你因此覺得彆扭。這種彆扭，就是阻礙你跟人說話的因素。當你可以把一篇原本很嚴肅的文章，讀出高興、傷感、憤怒的感覺時，無形中就會鍛煉到臉皮！一旦能做到這樣，適應了，就不怕丟臉了。

最後是「講故事」，綜合前面五種方法去練習講述。當你看完一個故事，運用前面的技巧練習，直到能脫口而出。你可以在這個基礎上，用複述的方式去「表演」出故事情節。畢竟一個好故事，不僅能提供複述材料，還能以此複述出來給別人聽，甚至讓你學會故事中描述人與事的方法，然後透過模仿，學會角色用什麼語氣說話。堅持下去，你的口才一定會大幅提高。

這種訓練，按照上述流程我建議每個星期拿一篇文章出來練習就夠了。經過一個月的堅持，說話技能可以提高不少。

應變力的三種訓練法

應對能力很重要。

一旦說話過程中出現了一些意外，例如說錯話、口誤、被對方刁難等，應對能力就可以挽救我們，甚至化腐朽為神奇。應對能力跟思維敏捷度有很大的關係。有什麼方法可以鍛煉思維的敏捷度呢？大概有三種方法：

1. 自問自答

隨便給自己拋出一個開放性問題，然後五秒鐘之內立刻回答。不管回答得怎麼樣，都要構成一個完整的論述。如：

問：你覺得積極的態度對人際關係有什麼幫助？

答：其實不會有特別大的幫助。只是有時候積極的態度，跟別人相處起來會更舒服而已。因為人家會被你的正能量感染，所以聊起來也會更熱情、更主動。

2. 詞語接龍

用詞語最後的一個字作為開頭，然後一個接一個地說下去，其間可以用同音字，但最後一定要接上第一個詞語的第一個字。每次看到一些詞語，有意識地進行聯想，會調動我們的思維。如：

明天——天空——空間——間隔——隔天——天明。人生——生活——活著——哲人。

進階的玩法就是句子接龍。隨便拿一句話，然後接著說下去，如「我覺得人生是一個負責的遊戲」。然後接著說下去，盡量在十句以內完成一個觀點的講述。進階版最好是多人一起訓練，這樣效果更佳。

3. 故意反駁自己

想讓自己的思考敏捷，就是要能從各方面考慮觀點。當你說出一個觀點，如果你從相反的角度去反駁，就可以訓練你思考得更全面。如：

正面：我覺得閱讀網路文章可以幫助學習，因為現在網路上可以搜索到很多最新的資訊，然後結合自己的學習目的，可以在學到書本學不到的知識。

反面：我不認為這樣可以學到更多東西。我們每天都用手機上網看資訊，但能夠學到多少知識呢？我們看書可以長時間集中在一個主題閱讀上，而看網路文章，正因為資訊太多，雜亂又稀疏，為了完成閱讀，我們很快就能把文章看完，甚至連思考都沒有。這種方式根本很難學到東西。

從易到難，每天挑戰自己，只要堅持一段時間，口才反應能力會顯著進步。當然，良好的思維反應能力，背後需要大量知識累積。而口才這種能力，主要體現在說出來的話到底具備了多少有價值的內容。這些內容就源自我們的知識存量。

如果肚子裡墨水多，你說起話來自然言之有物。平時多讀書、多看報、多留意新聞，甚至增加閱歷、多經歷世界、多體驗生活，也是一種累積。至於怎麼累積知識，才能轉化為口才的談資，我會在後面的章節詳述。但剛開始鍛煉，如果不經過上面的基本功，就算你腦袋有料，也未必能把話說得盡如人意，不是表達不清楚，就是遺漏了一些地方。經過鍛煉，就算即興發揮也可以把腦中的知識說得得心應手。也就是說，無論以後面試、談判、聊天、社交、演講，只要用這些練習打基礎，就算你想學會不同領域的語言，也不用花太多心力就能掌握，並發揮出語言的力量。否則，現在你拿起一本演講的書，就算看得再認真，也很難短時間提高演講技巧。

所以，就像學習開車或學習游泳那樣，堅持鍛煉口才吧！多說、多講才能提高口才。學習任何事最重要的是，即刻行動！

3 中氣十足從rap開始

上一節我說過，鍛煉口才最好從大聲朗讀文章做起。但無論是朗讀文章，還是鍛煉說話，你都必須有足夠氣息，才能讓說出來的話飽滿悅耳、鏗鏘有力。氣息不夠，說話很容易會不連貫，斷斷續續，聽起來沉悶乏味。

而想提高氣息，唱rap歌曲可以說是寓教於樂、鍛煉伶俐口齒的好方法。你唱著自己喜歡的歌，還可以給口腔肌肉做「健身」。當你完成一次又一次的鍛煉，自然就會改善發音不清晰、聲音細小、不流利等毛病。這個方法，實際上怎麼做呢？

不刻意背歌詞

我第一首rap的啟蒙歌曲，是潘瑋柏和蘇芮合唱的〈我想更懂你〉。這首歌是一首偏向抒情旋律的饒舌歌，而潘帥在曲中那兩段饒舌，我覺得快慢剛好，於是當時萌生了這個念頭——可以跟著rap來唱，看看自己能不能rap得流利。

這首歌我反覆聽了大概有兩百遍。剛開始練習時，我連歌曲的節奏、停頓的位置，還有輕重讀等不同的細節都無法掌握，只能一句一句地邊聽邊試著rap。重複多次後，大腦終於有了感覺，也漸漸可以看著歌詞來說。當然，有時念得太快，還是會有錯漏字等情況發生。我不斷從錯誤中修正，最後可以完整地念出來。但如果不看歌詞，我還是會忘掉。

想背誦某些內容，千萬不要刻意，一定要不斷重複大聲朗讀十幾遍，讓其印在腦海，這種背誦才能提升我們的說話能力。所以，當我用了幾天時間，不斷重複rap這段歌詞後，突然有一天，當節奏一播出，我便自然而然跟著潘瑋柏的聲音一起rap了，而我並沒有刻意背誦。

搞定這首歌後，我突然有種自信提升的感覺，好像攻破了一個難關似的。我接著尋找其他rap歌曲來鍛煉。我以前說話的聲音很沒自信，非常小聲低沉，用這種聲音來唱rap，就算唱得再熟悉，還是唱不出rap的感覺，反而像和尚念經那樣。為了改變這種情況，我開始有意識增強自己說話的氣息。

胸式呼吸和腹式呼吸

大部分演藝人員入行時都需要經過正音訓練，讓自己說出來的話飽滿、清晰、悅耳，所以我們聽他們訪問說話，很少會出現那種中氣不足的情況。

想要做到這樣，就要不斷鍛煉氣息，調整呼吸模式，讓說話充滿力量，而唱rap歌曲對氣息的要求頗高。你可以做做看，用一副洩氣的姿態說「我要努力」，跟用深吸一口氣全部呼出來的姿態來說這句話，是不是很不一樣？前者很洩氣，沒什麼力量，而後者有一種把自信吸在身上的感覺。

我在此說一下兩種呼吸方法，胸式呼吸和腹式呼吸。

我們平時說話，大多數都是用胸式呼吸來換氣，就是吸氣時胸腔會鼓起來，呼氣時胸腔就會沉下去。這種呼吸方法，會讓我們說出來的話力量不足，像是沒有支撐點，無法讓話語「噴口而出」。

而腹式呼吸能彌補這個缺點。當你吸氣時，會感覺到腹部漲起來，即所謂的氣沉丹田；當你呼氣，腹部就陷下去。從胸式呼吸轉換成腹式呼吸，需要在呼吸時用肚子來吸氣呼氣，而不是用胸口。你可以把手放在胸腔和腹腔比較，看看能不能感受到這兩個部位的變化。

調整好呼吸方式之後，接下來就要鍛煉口腔肌肉，這個步驟是讓我們說出來的話飽滿的關鍵。

口腔肌肉訓練

現在試一下，說一句英文「I like you」。請你嘴巴盡量不要動，用這種方式來說，你聽一聽是什麼感覺。然後，再盡量張大嘴巴來說，你又聽一聽是什麼感覺。是不是張大嘴巴說的這句會圓潤、飽滿一點呢？因為I和like的英文讀音裡都含有母音，而想要母音說出道地感，就需要張大嘴巴。

也就是說，縮著嘴巴和張大嘴巴說話，就像是說「That's my bed」和「That's my bad」這兩句。因為bed和bad的發音聽起來類似，但其實是兩種，前者發音時口腔沒張那麼大，後者則需要張大口腔。

如果你想要讓說出來的話充滿力量，那麼在調整呼吸方式的基礎上，盡量張大嘴巴來朗讀或唱rap。當你經過這一陣子的鍛煉，口腔肌肉就會慢慢適應那種「發聲範圍」，以後就算不刻意做，說出來的話也會字正腔圓。

繞口令是好工具

有了這些做基礎，剩下的就是鍛煉你說話的流利程度了。

我說過，用最大聲、最清晰、最快速的方式朗讀才能鍛煉到咬字。如果你覺得讀文章的練習很無趣，那麼聽喜歡的饒舌歌曲，rap一下，會有多一點趣味。

我熟悉〈我想更懂你〉這首歌的rap之後，又繼續挑戰了S.H.E的〈中國話〉，這首歌算是繞口令的歌唱版，而且在《漢語橋》這個國際比賽的中文節目中，各國選手還唱這首個作為表演——如果連外國人都能rap中文這麼流暢，我們又何嘗不能？

練習繞口令可以提高嘴唇和口腔在說話時的反應能力，從而提高流利度。持續讀繞口令，用最大聲最快速最清晰的方式去讀，效果就會顯現出來。實在堅持不了，唱唱歌也行。信和薛岳的〈如果還有明天〉後段有柯有倫的rap，我也非常喜歡，很適合用最大聲、最快速、最清晰的方式去rap。念完，你會覺得口腔做了一次非常健康的運動。我在節目《天天向上》看見湖南的說唱組合C-BLOCK，於是也找了他們的歌曲來練習，有些挺好聽的，例如〈The second love〉。

後來我還挑戰英文的 rap，像是黑眼豆豆的〈Where is the love〉和黑暗堡壘的〈Remember the name〉，聯合公園的《In the end》都是我當時經常練習的曲目。不過英文有太多連音，讀起來要一氣呵成，不是一定要挑戰才行。因為練得不好，沒有成就感會產生挫折，所以還是找中文歌來練就好。找 rap 歌曲，我無法推薦歌單，因為你可能覺得不好聽，沒有激情，這樣練習的話也缺少了動力。所以，還是得靠個人去尋找。該如何順利上手，這裡有幾個建議：

1. 首先，這首歌你必須熟悉到能夠哼出旋律。聽了上一段，就能哼出下一段。旋律不熟，你去練習 rap 就本末倒置了。
2. 其次，要先讀一遍 rap 的歌詞，稍微熟悉一下整段說出來的感覺。否則在沒有感覺的情況下硬是 rap，很容易出錯，出現念錯字、掉字等問題。
3. 最後，重複練習是熟能生巧的唯一方法。不斷聽，不斷念，不斷唱，直到字正腔圓地 rap 出來，而不是好像和尚念經。這樣會讓口腔肌肉得到鍛煉，以後說話自然會流利。

如果你說話小聲、含糊、不清晰，可以透過唱 rap 來練習，既有幫助也不會太無聊，有興趣的不妨一試。

4 聲音日記練習法：實作五步驟

鍛煉口才的方法有很多，但根據我對人性的理解，應該很少有人能每天按堅持照這些方法鍛煉。

問題出在哪裡？究其原因，大概是所有的鍛煉方法都跟我們「沒有關係」，就像是找研究生的數學題目來鍛煉日常的邏輯思維一樣，脫離了本來的實際生活，所以我們就沒有那麼大的動力去堅持了。那什麼樣的方法才會跟自己有關呢？那就是利用自己的生活作為素材去鍛煉。

這個方法，就是記日記。不是寫下來的那種日記，而是聲音日記。是的，我口說我心。

現在手機上已經有不少能錄音的App，例如有道雲筆記或印象筆記等，你可以把自己的話錄下來，建立專屬的語音日記檔案，然後保存在App裡面。但實際上要如何用聲音日記這種方法鍛煉到口才呢？以下，是我的一些參考準則。

1. 確立今天錄音的主題

你每天一定都會多多少少遇到一些事情，不管是好的、壞的，都會多多少少帶給你某種心理感受。就算你整天待在宿舍裡、家裡什麼事都沒幹，但如果心情煩悶，那這就是你的心理感受。於是，你就可以確定你今天的錄音主題：心情煩悶的一天。

總之，這一天留給你的感覺，就用來作為主題；或者這一天發生的事給你什麼感想，就找出情緒的發洩口，然後圍繞著它去訴說。做法其實跟寫日記沒有太大區別。沒有主題，你就無法組織有條理的語言去講述。天馬行空地任意亂編，在鍛煉說話思維上是沒有實質幫助的。

有了主題，第二步就是給說話的內容做文章。

2. 組織錄音的內容

說話一定要有條理才能提高口才。有了主題，接下來就要組織你錄音的內容。怎麼組織呢？

正如我在前文寫的表達流程那樣，先有觀點，接著有理由，最後附上例子說明。你覺得今天心情煩悶，那就要解釋，為什麼你會心情煩悶，又或是什麼事讓你心情煩悶。然後把導致心情煩悶的事情，大致說出來。如：「我今天一整天的心情都很鬱悶，什麼事都沒做，整個人渾渾噩噩似的，一點精神都沒有。因為，我丟了一塊錢了！對，我丟了一塊錢啊，一塊錢！現在我沒錢買房子，沒錢買跑車，沒錢跟女朋友吃大餐啦！我怎麼會這麼不小心丟了這一塊錢？回想起來，應該是我去超市買內褲，掏錢付款的時候，這一塊錢從我褲袋裡溜走的！李白說，千金散盡還復來，現在我丟了一塊錢都還不復來，這樣的人生有什麼意思呢？真煩悶！」

其實「觀點—理由—例子」這個表達方式還可以簡化，即先感想總結，後故事講述；或者先故事講述，後感想總結。

總之，當確立要說的主題之後，就按照這種方式去組織內容。每個人每一天都有獨特的經歷和感受，無論怎樣，說自己的事情總比說其他東西容易得多。而剛開始練習，你最好按照這種方式去組織說話內容，像是在做一場私人演講一樣，從而形成表達的習慣。否則，你的錄音跟平常說話沒什麼差別，就沒有鍛煉的作用了。

3. 錄音過程一定要流暢

這個步驟是口才鍛煉的一個重要因素。你每一天的錄音日記，整個過程一定要自然流暢，不能卡住，不能遲疑，不能停頓，不能沉默，不能口吃。

如果有，重來！沒錯，就是重新再錄一遍。

剛開始，假如實在做不了這麼標準，那麼每次錄音最好不要超過三次出現這種情況。試想一下，你要是這樣說：「今天我的心情很煩悶，因為呃……我覺得呃……我丟了一塊錢……為什麼丟了一塊錢呢？呃……就是呃……昨天去超市的時候呃……」這種說話方式，根本無法鍛煉出流利口才！所以只要說成這樣，就重來，再錄一遍。

原本不順暢的話語，隨著一遍又一遍的重複說出來，你會說得越來越熟練，越來越流利。每一次重複對說話都是鍛煉。但剛開始，你不一定要強迫自己完美錄音，有錯很正常。**即便說錯話，只要能「將錯就錯」地蒙混過去，也是一種本事**。

好比你把「這種生活真的是一種享受」說成了「這種生病真是一種享受」，這是口誤。如果不想重錄，就要用機智蒙混過去，說：「為什麼我會把生活說成生病呢？只能說，我的生活真的生病了。這樣生病的生活當然不是一種享受，所以好的生活，應該沒病沒痛的。」

再者，如果你在說話的途中，需要思考接下來要說什麼，那也千萬不要用沉默或停頓的方式去思考，一定要一邊說話一邊思考的方式來填補沉默。例如：「今天我不開心，為什麼不開心呢？（其實這個不開心的原因真的讓我很驚訝，我都不知道為什麼會有這種事發生，但就是這樣發生了），就是我丟了一塊錢！天啊，丟了一塊錢啊！（怎麼會有這種事情發生呢？我也不知道，有時候命運就這麼諷刺），因為昨天逛超市的時候，在無意中丟了這一塊錢。」

括弧裡的內容就是填補思考的「廢話」，是強迫自己不冷場的一種方式，也是在平常生活中應對冷場的思考方式。如果冷場超過三秒，或者無法做到這樣，錄音斷斷續續的，還沉默下來思考，那就重錄一遍吧！

當你能把整個錄音都用一種非常流暢的方式完成，你口才的能力會慢慢提高。這一點，你一定要認真注意。

4. 設定好錄音時長

我建議每一次錄音，能做到三分鐘左右就好了。

如果你有更多的事情不吐不快，那麼說個五分鐘甚至更長，也是你的自由。畢竟你是在記日記，記錄每一天感受而已。當作是回憶也好，當作對人生成長的一種監督也可以。錄音日記記下每天生活狀況的方式，對於我們是有百利而無一害的。

剛開始沒必要錄得太長，因為你的錄音要做到以上的要求，可能要花一定的時間去適應，比如睡覺之前的一小段時間。是的，每天睡前，透過這種方式總結一天生活，還能鍛煉口才，這可謂一舉兩得。如果這樣你都堅持不下去，那我真的幫不了你。每天晚上，抽出一點時間做這件事吧。

5. 更進階的條件

做到以上要求，並堅持一段時間，表達能力一定會有所增長。但如果對於自己有更高要求，那你可以嘗試在錄音日記中穿插一些更高級的練習。

(1) **你說的話，一定要跟內容有相應的情緒**。例如今天講述的內容中有開心的地方，那麼錄音時，一定要用這種開心的情緒去講述；如果有無奈的地方，就用無奈的情緒。總之，說話的情緒最好對應說話的內容。

(2) **講述故事時，對應不同的角色來說話**。例如你今天遇到的事跟其他人有關，而且那些人跟你有過對話，那麼當你錄音記錄這個過程的時候，就要一人分飾多角，把他們的對話也一起複述出來。他是怎麼說，然後你又是怎麼怎麼說，好像小說對話那樣，用相應的語氣講述出來。

(3) **不一定記錄生活，也可以記錄其他內容**。你看了一本書，有自己的讀後感；看了一部電影，你想說出自己的感想，都可以錄下你的心聲，不一定局限在生活瑣事。不過跟生活瑣事相比，剛開始就以這種題材錄音，難度相對會比較大。用自己每天的生活去開始練習，有了感覺之後，再用其他事情去做錄音日記，是一種更高級的玩法。

5 演說的心態、技能與內容準備

很多人鍛煉口才，往往都從學習演講開始。如果你能從演講中學會表達的能力，那口才會有很大進步。正如邱吉爾的名言：「一個人能夠面對多少人講話，他的成就就有多大。」

掌握演講的基本法則，藉此提升表達，口才就會大有提升。而想要順利完成一場演講，通常從心理、內容與技巧三方面開始精進。簡而言之，你要先有足夠自信和勇氣站到人前，然後規畫好要表達的內容，最後在演講過程中，運用恰當的技巧，把內容恰如其分地傳達給聽眾，感染他們。

這三方面各自的作用，我相信任何人都可以懂。這些要素，只是將我們平常對話的流程，用一種相對正式的形式放大並應用。想把演說做好，說簡單算簡單，說難確實也很難。說簡單，是因為我們都有說話的經驗，只要加以練習，就能累積經驗並用於演講；說困難，是因為如果日常生活中沒有注意累積，或者練習沒有方法，那要演講就會很困難。

該怎麼去練習提升演講力？

演說的心理層面

準備，就是集合你的信心、思想和口才技巧，我們本該具備這些東西。所以在準備一場演講時，你只是把這些你本來擁有的東西，透過某種方式整合，並呈現到聽眾面前而已。如果你本身就是缺乏自信的人，那麼你當下要做的，不是寫一篇出神入化的演講稿，而是把自信心提高，至少要提高到不會成為障礙的程度。

同樣，如果有人思想比較貧乏，對世界沒有自己的看法，喜歡人云亦云或懶得思考，那麼讓他去準備演講，他也不會知道要說什麼。更別提把技巧結合到演說內容上了。

這些東西不是為了演講才開始注意的。我們無論何時都需要累積能力。改善心理、建立自信和勇氣，真的就只能靠自己。畢竟這種特質不像規畫演講內容，有一個有跡可循的流程讓你照做，一下子就能提升。而是需要不斷挑戰自我，不斷累積經驗，才能夠在潛移默化中改變。

方法都是假的，除非你敢踏出第一步。一般來說，克服恐懼，提高自信，不外乎以下這幾種方法：

1. 自我激勵

心理學表明，由自我啟發、自我暗示而產生的學習、行為動機，就算是佯裝的，也會讓學習、工作有良好成果。無論何時，發現自己的優勢所在，用積極的語言鼓勵自己，不要去提示自己緊張，然後由此去改善，你的心態就會變得更好。

2. 鍛煉膽子

我面對陌生的人、事、物總是很容易退縮、害怕，想要大膽表達，最好的方法就是習慣開口說話。所以，在任何場合，你都要積極創造與人交談的機會，試著與他人閒聊、寒暄、攀談，說話次數多了，自然就會成為習慣，減少恐懼感。

3. 熟能生巧

想一想，你剛拿駕照的時候，是不是害怕變成馬路殺手呢？因為你的駕駛技術還不熟練。但如果你每天開車，不斷練習，天天在馬路上駕駛，這樣次數多了，你可以掌握一切情況，這時駕駛技術就會變成能力的一部分，大腦將其變成身體的本能，你自然不會擔心害怕。鍛煉演講，背誦演講稿也是如此。

4. 借力打力

你有沒有玩過雲霄飛車呢？你坐垂直軌道的雲霄飛車時會緊張嗎？緊張就對了。記住你因為其他事情而緊張的感覺，試著在這種情況下練習說話。我以前在坐雲霄飛車之前，都會背誦一些內容，看看自己在緊張的情緒下，能不能把背誦出來。或者在跟心儀對象約會之前，把一些提前準備好的對白說一遍，看看自己會不會被緊張的心理影響。多做這些事情，自然不會被緊張恐懼的情緒嚇退，輕鬆做到從容自若、淡定自然。

演說的內容準備

一篇演講，當然有開頭、中間、結尾三部分。

開頭這部分的目的，是讓我們一開口就能吸引聽眾的注意力。有很多種方法，諸如製造懸念、運用幽默、引入故事等。不過法無定法，怎麼開頭，最好的方式就是結合當下的環境。以前上學的方式太死板了，如「各位老師，各位同學，大家好，今天我要演講的題目是……」。每個人都說一樣的，沒有自己的個性。

如果演講題目是「如何成為一個奮鬥的人」，那麼根據你接觸到的環境——比如你看到台下有一個小孩在媽媽懷中哭鬧，吵著要玩手機，引起大家注意，這時你就可以這樣開頭：「大家好！我相信在座的每個人，今天來這裡的目的，就是希望自己可以成為一個奮鬥的人。問題是，什麼時候才需要奮鬥呢？各位看看台下這個正在哭鬧的小寶貝就知道答案了。他不斷嚷著

『為什麼媽媽才可以奮鬥？我也要，我也要！』想成為一個奮鬥的人，其實不分年齡，取決於你的思想覺悟。」然後就可以開始演講稿的內容了。

至於中間部分，內容根據演說目的而定，也是演講中最重要的。例如你的題目是「如何成為一個奮鬥的人」，那麼中間部分，就要為了闡述題目而做出的說明、解釋、舉例，或者引經據典去印證你的觀點。

當你聚集了一定的思想或者可以敘述的材料之後，接下來要系統地講述出來。材料的安排一般都按照以下規則：

1. 說明題目
2. 好處的陳述
3. 壞處的警示
4. 實行的方法
5. 結論

我們平時寫作多半也會用到這些規則。根據規則，演講內容就可以針對觀眾有興趣的事情來述說。應用到「奮鬥」這個題目，不妨說說為什麼要奮鬥；奮鬥會有什麼好處，給聽眾描繪美好的願景，像是舉出「魯蛇奮鬥之後跟理想對象結婚，平民奮鬥之後獲取財富」等案例。這是雞湯文的一般做法。此外，還要說一說不奮鬥的壞處，透過對比，讓大家知道不奮鬥的人生會怎樣落魄，怎樣無奈，又怎樣怨天尤人。接著提出一些可行的方法和建議，解決「如何成為」

的問題，讓聽眾有所得。說完之後，最後當然就是總結，重述你的觀點了。

不是每一次演講都要按照這個流程，這屬於論說性質的演講技巧。如果是抒情敘事類，你可以按照前因後果，由事生情，從中得出感想來表達觀點。但整體來說，演講的目的不是要說服聽眾接受你的觀點，而是要激勵他們行動——也就是就是影響聽眾，讓他們感染情緒。所以在內容方面，一定要符合他們的興趣和期待。

最後是結尾部分。其實怎麼結尾，端看你要營造哪種感覺。你想要餘音繚繞，那就留下一個讓人充滿想像的空間。如：「這世界平均五秒鐘就有一個人自然死亡，平均十秒就有一個人死於疾病，平均三十秒就有一個人死於兇殺。你每天醒來，就有一群人離開這個世界。生命就是如此脆弱。如果你第二天睡醒之後，發現曾經在身邊的人已經不復存在，你會有什麼感覺呢？請好好珍惜你愛的人吧！」

同樣道理，需要快樂的感覺就幽默一下；需要沉重的感覺就說些傷感的事；想引導聽眾奮發向上，就熱情高亢地發出呼喚。從結尾中，帶出你的觀點，加深聽眾的印象，這樣你的演講就能夠前後呼應了。

無論用什麼方法結尾，都要做到結論自然有力、簡潔明快、恰到好處。否則，該結尾時不結尾，很容易使聽眾不耐煩，像是「我還想說幾句」、「我再補充幾句」就是負面教材。

一篇演講稿怎麼寫，取決於想表達的內容，但目的都是讓聽眾明白你要表達的觀點。所以，如何讓聽眾接受或理解你的觀點，技巧的運用就很重要了。

演說的技巧運用

所謂的演講技巧，其實不過是如何透過個人的特性，去修潤演講內容而已。同一篇演講稿，不同人說也會有不同效果，這是因為每個人個性不一樣，發揮的技巧也各有特色，因此造成感覺上的差異。

但不管是什麼演講稿，我們都要根據演講目的來進行修潤。一般來說，修潤有兩個方面。

1. 講述的內容（形象、直觀、具體、明確）
2. 情緒的表現（聲音、語氣、表情、動作）

在講述方面，我們需要結合演講的目標去修潤內容。英國大物理學家胡克博士（Robert Hooke）說：「我有四十年演說經驗，最重要的是，我們要注意充分準備並努力說清楚，請記住，比喻是十分必要的幫助。」

對照以下例子，哪一種比較清楚？修潤前：

1. 月球是距離地球最近的星球，約有三十八萬公里。
2. 那座古堡非常漂亮，非常宏偉。
3. 這個行動電源的電量十分充足。

修潤後：

1. 月球和地球的距離，以開車一分鐘走兩公里來算，從我們地球到月球至少要八千天才開得到。這已經是距離地球最近的星球了，約三十八萬公里。

2. 這座古堡就像是加強版的白宮，占地面積差不多是一個標準足球場，而且顏色豔麗，有紅、藍、黃、綠等不同色彩配搭，給人非常宏偉又斑斕的感覺。

3. 這個行動電源如果充飽電，可以給一支沒電的iPhone充五次。

修潤後的表述，是不是更能給聽眾有一個直觀感受呢？這就是表述的技巧，一定要明確、具體、形象，我們可以用比喻的修辭來讓聽眾理解。畢竟演講是一種暫時產生影響力的說話方式，你不能讓別人聽完之後，等回家才聽懂你的意思。這樣演講會減弱許多。所以在內容要清晰明瞭。

其次就是情緒的表現。如果你想演講產生感動的效果，你先要感動自己。換句話說，你自己一定要醞釀出其中的情緒，才能透過演講傳遞給別人。舉例來說，你想鼓舞大家奮發向上，但說起來一副死氣沉沉，有人還會被鼓舞嗎？要讓聽眾感受到思想的力量，就得用積極的情緒去感染他們。

看看傳銷的人怎麼做的？他們說得連自己都信了，然後以此去說服別人。你連自己說的話都不相信，還怎麼讓別人接受？設想你看到恐怖的事情，說出來的時候若無其事，或者驚恐萬分，別人聽起來的感覺有什麼不同？前者是：「剛才我看到一隻老虎從我旁邊走過，嚇死我了。」後者是：「天啊，剛才有一隻老虎在我身邊走過啊，多危險呀！要不是我趕緊躲起來，被牠發現我就沒命啦！嚇死我了！」我相信，比起前者，後者更會讓人覺得，這種恐怖還在延續著，很可能會影響到他們。

這就是情緒的感染力。想要讓演講發揮效果，你要先學會調動聽眾情緒，從稿件內容的安排，再到說話情緒上的表現，層層推進，層層展現，自然能把演講內容傳達給聽眾。至於如何流暢？最好的方法，就是不斷朗讀和背誦。重複十幾遍之後，你就能體會到最好的演說方法。當這些都完成，演講對你來說就不是難事了。

6 卡內基說話術的十二條啟示

我剛開始學習口才，卡內基確實是第一個引領我踏出腳步的人。他那本關於提高說話技能的《語言的突破》，是我經常翻閱的書籍之一。這本書對於口才有沒有實質幫助？坦白說，實質效果不大。但書裡面有些內容可以啟發讀者進一步學習，給出清晰明確的鍛煉方向。從這個層面來看，也不失為有用的幫助。

現在市面上的說話書多如牛毛，學說話、演講似乎也用不到這本書。不過裡面的一些內容，現在看來還是很有參考價值，值得我們揣摩領會。接下來，我會摘錄當時自己畫線並注解的十二個重點，融會我的經驗體會，希望能幫助到讀者，希望能給你一些啟發。

1. 唯有常常訓練、練習才能消除你對眾人的懼怕心理，同時增加自信力和持久的勇氣。

每個人剛開始練習當眾說話，一定都會膽怯或恐懼。很多人都希望第一次上台就可以完全不緊張。但在我看來，這幾乎不可能。無論你第幾次登台，緊張感都依舊會存在，差別只是強弱而已。

可是為什麼那些說話厲害的人，不會為緊張而擔憂呢？因為他們經常接觸這種場面，久而久之就適應了，習慣了。所以消除恐懼沒有更好的辦法，只有不斷讓自己置身於這種場面，多感受一下緊張的感覺。經常練習，累積經驗，你才能提高心理素質。

2. 動作似乎是跟著感覺，但實際上，動作和感覺是同時發生的，所以我們直接用意志去修正動作，等於間接地修正了感覺。

這句話的意思是，如果你想表現一種情緒，使用意志傳達到行動上，那麼你就真的會有那種情緒的感覺了。正如你想克服恐懼，那就用行動表現出你沒有恐懼的樣子，裝出不緊張的樣子，這樣就會減輕緊張。否則，你一直坐在旁邊對自己暗示「我很緊張」、「我不行了」、「我做不到」，整個人不知所措，那麼恐懼只會越來越大。

3. 精進演說的第一個原則，也是最後的原則、且永遠不會失敗的原則，第一個是練習，第二是練習，第三還是練習。

熟能生巧的道理誰都知道。當你練得夠多，大腦或經脈都打通了，那就能自如運用這種能力。練習是必不可少，也非常重要的步驟。無論做什麼事情都要習慣去練習，從中掌握訣竅。不斷抓住練習機會吧！無論是朋友聚會，搭計程車跟司機聊天，或是需要在活動上發表意見，不妨主動站出來鍛煉，累積足夠經驗讓自己強大。

4. 準備演說，意義在於去思想、斟酌、回想，並選擇最能引起你興趣的來加以潤澤，改造成一個新的、你自己的作品。

在開口說話或演講前，都必須做好充足準備，用自己的個性、思想去修潤要表達的內容。如果要說的連自己都不懂，得出的觀點也不是經過自己思考，那要怎麼向別人傳達思想？

例如你不喜歡另一半有太多異性朋友，對這個題目有過自己的思考、情感和意見，甚至有過相應的經歷或經驗，那麼不就能表達得更好嗎？開口之前，思考和消化你要說的內容吧，畢竟這是你的「骨肉」。

5. 說話最好舉出實例，不可成為空洞的說教，這很令人討厭。

這句話很好理解。也就是我前文中提到：無論你表達什麼觀點，舉例一定是好方法。

PREP法則，即先表達觀點（point），再給出理由（reason），然後就是例子（example），最後回到觀點（point）。

例如，我覺得星期天去看電影比較好（觀點）。因為這部電影星期五上映，一定很多人去看，可能一位難求（理由）。上一次×××上映時，人山人海去搶票就是這樣（例子）。所以你問我的意見，我認為星期天去看電影比較好（觀點）。

6. 有些人講話都犯了一個共同的毛病，就是只講自己感興趣的事。其實，他也應該為了聽眾的利益而講話。

溝通，一定要根據聽眾的反應來調整自己，這才是高情商的表現。我們當然可以談論自己的事情，但這個談論，一定要關乎當前的話題。你的話作為例子也好、佐證也罷，都要圍繞著話題。否則，滔滔不絕談論自己偏愛的話題，最終別人會轉頭就跑。有來有往，才是雙向溝通的基本法則。

7. 聽眾的態度，完全可以由我們來操控。如果我們鬱悶，聽眾也會鬱悶；我們平淡，聽眾便會漫不經心。

情緒有感染力。如果留給他人的負面情緒多於正面情緒，那麼別人自然會產生負面觀感。這種感覺無須思考便能產生。所以，如果想讓自己的談話給別人一種印象，就要懂得變換語氣，調整情緒，以此來感染與影響聽眾。謹記，你對說話投入熱情，別人就會有心理回饋，認為你是一個熱情的人。

8. 怎麼說，有時比說什麼還重要。

不論題材，你說得好與不好完全取決於說的方式，內容的重要性反而位居其次。我們跟另一半表達愛意，是漫不經心說一句「我愛你」，還是深情真摯地看著對方說「我愛你」更動人？不言而喻。

表達方式能影響聽眾觀感。有些人說話確實沒惡意，但由於表達方式有問題，結果造成矛盾。所以，適當調整用詞與句法，用語調的變化來幫助自己表達，獲得的效果會更好。在日常談話去改善和提高表達力吧。

9. 疲憊的人，不會有引人入勝的魔力。

談話的層次高低，除了說話能力，還要加上為人個性。這一點對大眾演講尤其重要。我們已經厭倦了那些在台上說得平淡無味的講者，他們像機器人一樣，把稿子上的字句讀出來，一點感情都沒有。我們更喜歡充滿活力、生氣、熱忱的人講話。因為如果這個人連自己說的都沒興趣，那麼聽者一定也會昏昏欲睡。正所謂「愉快能產生愉快」。討喜的個性，永遠都不會讓人倦怠。

10. 設法把別人覺得生疏的地方，化成簡單而顯淺的一些形象，用他人熟知的東西做比喻，把生疏的事物形容得明明白白。

這句話對於提高表達能力有很大用處。因為說話給別人聽的目的，就是讓對方明白。為了讓人明白，我們不但要透徹理解自己的話語，還要用對方能明白的方式說出來。科學家彼此可以談論一些高深難懂的公式、資料，但如果要把研究告訴一般人，就需要說得簡單易懂了。

如果希望別人明白你的話，最好把重點部分描繪得十分生動，形成畫面感；把抽象事物用具體的方式表達。也要運用修辭，像是比喻就是很好的方法。歸心似箭，不就是這樣一個成語嗎？

11. 我們說的話，可以判定我們每天的遭遇。

這句話，卡內基有具體的敘述——我們和別人接觸時，別人容易用四件事情評估我們的價值，即我們的行為，我們的面貌，我們說的話，我們說話的方式。

如果懂得調整表達的話語，用積極正面的詞語來跟別人相處，那麼你在生活中能得到更積極向上的感受。不然，每天都說「我很糟糕」、「我很慘」、「我沒用」，這樣只會得到負面的心理回饋。你人生的遭遇，也會朝著這個方向變差。

12. 應從知識上得到收穫就是：能正確優美地使用本國語言。

受過教育者所說的話語，為什麼普遍比沒受過教育者更得體？這就是閱讀的影響，會讓我們的用詞不知不覺發生改變。多閱讀，多累積詞句，多提高自己對語言的領悟力，表達就會越來越豐富。我相信這在精進說話上也相當有用。

第四章

升級表達思維與修辭

如果基本功是說話的引擎，思維就是變速箱，能將話語調節得符合當下所需，修辭則是內裝，可以巧妙地讓聽者轉換心情。掌握思維分析、思維轉換以及修辭的具體訓練法，是發揮語言魅力的前奏。

1 思維的四種基本形式

思維是說話的基礎。沒有思維支持就無法表達出思想。沒有鍛煉過思維的人也可以說話，但鍛煉之後，說出來的話會更接近想法。更重要的，是你可以將說話能力運用得更好，讓其為自己服務，真正發揮出語言的魅力。

發散、形象、邏輯：最常見的三種思維

說話的思維，跟我們平常解決問題的思考方式並無二致。但許多擅長思考的人也未必能說好話。因為持續、對症下藥的鍛煉才能養成習慣，把思考能力應用於說話。不必很聰明才有學習的資格，只要透過適當訓練，讓思考力為己所用。我舉一個例子說明。

A：磚頭有什麼用途？

B：可以用來蓋房子，砌牆啊！（常規思路）

A：除此之外呢？

B：你喜歡的話，也可以當成禮物送給別人；或者你山窮水盡想不開時，拿來自殘也很方便。（發散思路）

A：不會吧！磚頭也可以當禮物？

B：當然啦，磚頭很重要的！沒有磚頭，我們的世界就不會像現在這樣。磚頭就像人體中的骨骼，沒有它們支撐著，就算皮肉多麼厚實，也會乾癟得像是一塊廉價的地毯。（形象思路）

A：那用磚頭怎麼自殘呢？

B：別人心口碎大石，你腦袋破磚頭，效果也很不錯的！（類比思路）

A：那萬一我不小心太力把腦袋打爆了，我是不是會死啊？

B：你是人，就會死！（邏輯思路，見圖5）

上述列舉不同思考點，它們如何影響我們的話語，又如何提升我們的表達力？

發散思路，借題發揮

發散思路，如果用形象思路來說，就是一個點向外擴散，從點到面，像是輻射一般把觸及的範圍擴大。所謂「借題發揮」就是最好的解釋。對應到前文的例子，磚頭本身的用途就是

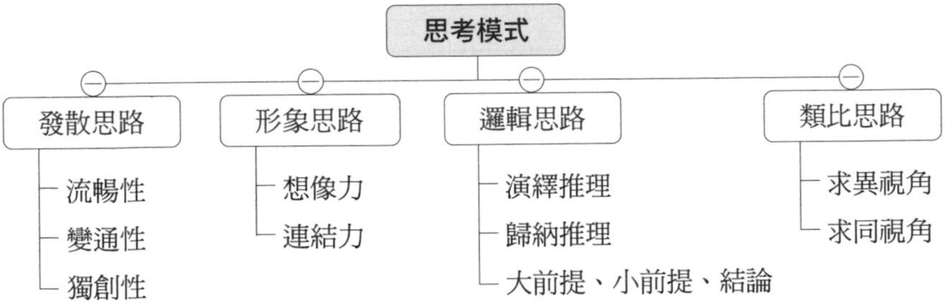

圖5　基本思考模式

蓋房子，是建築材料，這也是本來的屬性，但如果我們延伸視角，磚頭的用處就不只蓋房子一種了，就像迴紋針的用途不只是固定文件。

很多時候我們無話可說，其實是思想不夠發散。說完一個話題沒下文了。如果懂得利用發散思路，就可以由一個話題引出另一個相關的，接著再引出另一個，源源不絕，基本上就不會遭遇到冷場。例如我們從學習，說到教育，再說到就業、工作、理想、人生，讓思路擴展下去，這在溝通上的幫助很大（見圖6）。

發散思路最忌諱的，就是思考定型。不要認為所有事物都有一個標準答案。發揮想像力就能創造出自己的答案。說話正是如此，只要敢於開放思維，天南地北都可以聊，說出自己的看法。這就是發散思路的廣度。

與之相反的，還有集中思路，即收斂思路。從面到點，由多角度出發，最後回到一個點上，這是深度上的表現。例如我們在分析問題時，無論舉出多少例證，針對的都是同一個問題。在日常生活中好好利用這兩種思考模

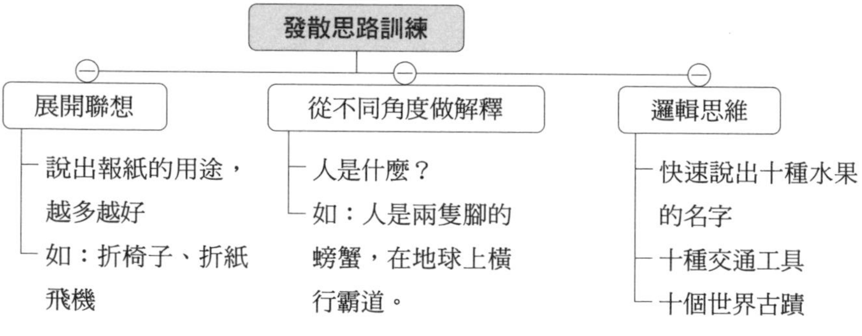
發散思路訓練
展開聯想
說出報紙的用途，越多越好
如：折椅子、折紙飛機
從不同角度做解釋
人是什麼？
如：人是兩隻腳的螃蟹，在地球上橫行霸道。
邏輯思維
快速說出十種水果的名字
十種交通工具
十個世界古蹟

圖6　訓練發散思考的三種方法

式，為自己的話語增色，就能自如表達出想法。

形象思路，有聲有色

形象思路，顧名思義是透過形象來表達思維的一種形式。說話時適當加上一些形象的表達，言語就會變得生動有趣。把兇惡的女人形容為母夜叉，把不負責任的花心男形容成渣男，都是形象思路的展現。幽默也需要用到形象思路。看到女生吃飽後摸著肚子打嗝，如果關心地說：「妳是不是吃得太飽，動了胎氣啦？注意身體啊！」我相信這種說話氛圍不會太無聊。

要把一件事描繪得有聲有色，大部分是依賴形象思考來實現。最好的例子就是「比喻」，把從未接觸過的事物，用比喻描繪出它的樣子，讓我們就更易明白。

當然，利用肢體語言來描述一件事物，例如張開雙手來表示「胖」，也能很形象地傳達意思，效果甚至更好。然而，目前已有許多表情包幫助我們表達感情，所以形象思維用到的地方也就越來越少。

在日常生活中，把熟知的事物用形象思維去包裝，也會有不錯的效果。例如HR問你：「我們公司為什麼吸引你呢？」你說：「我覺得貴公司像一艘充滿動力的大船，一旦確定方向，無論多遠多艱難都會全速前進，抵達目的地。這種精神完全激勵了我。」其實多看小說，多閱讀文學作品，就能讓我們培養想像力、提高形象思路，在此不贅述。

邏輯思路，脈絡推理

由於類比思路同屬於邏輯思維的範疇，所以放在一起說。讀者都知道邏輯思維對於構建話語影響甚大。有些人表達能力不好，問題就在於此——我們常說的前後矛盾、胡亂編造，就是沒有邏輯的結果。

邏輯思維，說穿了就是「**結論一定要由前提推導出來**」。如果你的前提無法導向結論，那就不合邏輯。例如「不會游泳的人缺乏求生技能，丟在海上很容易溺死。我是不會游泳的人，所以把我丟在海裡，我會很容易溺死」。但如果說「不會武功的人丟在海裡容易溺死」，那麼就算你不會武功也真的溺死了，這個推理仍不合邏輯。因為會不會武功跟溺死沒有直接關係。

如何培養邏輯思路，後面的章節會詳細討論。但要特別注意，適當跳脫邏輯思維的限制，運用發散思維或形象思維來構建語言，表達會變得更多樣化。像是：為什麼飛機在天上不會掉下來？因為我們人類不斷向前開拓的精神，把它承托在空中。

有了邏輯的基本概念，那麼這時類比思路就派上用場了——類比思路也是一種推理形式：由於A這樣，所以得出一種結果；那麼跟A相類似的B，如果也是因為這樣，那麼很可能也會得出那種結果。這是由擁有某特質的已知事物，推論出另一樣相似事物也擁有該特質。推己及人，就是類比思路的常見用法。我是情感豐富的人，失戀會傷心，你也是情感豐富的人，所以你失戀也會傷心。

類比推理可以增加說服力，也增強表達的豐富性。向別人闡述一個道理，透過舉一反三的論證，用相似事物做比喻，我們會更容易讓聽者明白這個道理。即便是反駁，運用類比推理也可以「有理有據」。在此舉一個經典故事，一名美國記者問周恩來：「為什麼你們中國人走路總是低著頭，像是垂頭喪氣，不像我們美國人都是昂首挺胸？」周恩來回答：「因為你們美國人走的是下坡路，我們走的是上坡路，所以要低著頭。」不管反駁得好不好，但用上坡路和下坡路來類比國家的崛起和衰落，就構成了反駁的理由。

所以，一般認為口才好的人，都是思維轉換敏捷的人。他們可以從一種思維形式迅速轉換到另一種形式，說話也變化多端、豐富多樣，令人感覺新鮮新奇。如果口才的基本功扎實，表達流利，聲色俱備，那就稱得上是一流演說家。有些人會在生活中，無意間用到某種思維方式說話，結果效果不錯。但經過刻意練習之後，這些思考模式會更能支撐表達力。畢竟，下意識地去因應表達需求，來調整思維方式做為輔助，這種方式當然會比無從開口更能增加溝通成效。

2 詞語故事練習法：強化邏輯與表達慣性

鍛煉口才，可以透過朗讀、背誦、複述來練習，但這些只是「表面口才」的鍛煉。而「內在口才」，即口才思維的鍛煉，一般書中著墨較少。畢竟朗讀是鍛煉舌頭的靈敏度，讓思考至語言的傳達更流利。而背誦是累積素材和框架，讓大腦有一個說話的模式。至於複述，是鍛煉對於已有語言的組織能力——沒錯，以上鍛煉可以打下流利的基礎。而基礎需要持續鍛煉。畢竟肌肉記憶的形成不是兩三天。當你堅持一段時間後，就會發現說起話來順暢許多了。但上述這些鍛煉，還不足以讓你形成自己的表達邏輯體系。這也是很多人的問題，總覺得不知道開口說些什麼才好，有欲言又止的感覺。

這時，你就需要鍛煉自己的「表達慣性」了。說話是越說越容易，你越不說，只會越習慣沉默寡言。不敢開口的原因其實有兩種：一是自信心不足，恐懼與人接觸時的反應；二是「茶壺裡煮餃子，肚裡有貨倒不出來」。前者需要改變心態，而後者則需要不斷練習開口說話。

以下我提供的這個方法，就能夠讓你把這種開口說話的行為，變成一種隨時隨地的習慣。

首先，你要準備四樣物品：中文辭典、手機、筆和筆記本。

第一步、隨機翻開辭典一頁，從上面找一個詞語，用筆記本記下；然後繼續隨機翻開另一頁，再從上面找個詞語記下；最後，再重複一次。怎麼選詞？第一眼看到哪個就選哪個，或是花點時間找容易說的也可以。

第二步、開啟手機內建的計時器，設定好十五分鐘。

第三步、圍繞你選出的那三個詞語，做十五分鐘自說自話的即興演講。

例如你找到「馬鈴薯、酒、幻想」這三個詞語，那麼你在這十五分鐘內，就圍繞著這三個詞語，隨心所欲地自言自語（見圖7）。

不用太強調邏輯性，想到什麼就說什麼。例如，「馬鈴薯是一種食物，這種食物很多菜式的製作都會用到，但我不愛吃，因為這種食物容易飽，味道單調」。然後接著從「馬鈴薯」過渡到「酒」，像是「如果說美酒配佳餚，那麼吃馬鈴薯的時候，加上一點酒助興，或許我會更願意品嘗」。最後過渡到「幻想」，像是「當然，除了美酒，要是有個美女陪伴在身邊，跟我一起吃，不要說是馬鈴薯了，其他我不愛吃的東西也會愛上了。可惜，這一切只不過是我自己的幻想而已」。直到講完十五分鐘。

無論合不合邏輯，你都一定要把這三個詞語連在一起說完。過渡得越合邏輯當然越好，但一開始的練習，主要是尋找說話的感覺，至於邏輯之後再考慮。因為這只是先讓你習慣開口，由看到的詞語而喚出聯想能力。如果連看到詞語都懶得去想要說什麼，那再多方法都救不了你的口才了。

說話需要引導出思考力，平時講不出東西，是因為懶

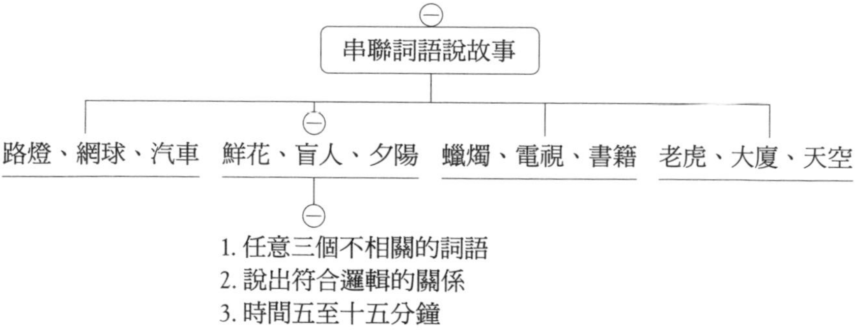

圖7　訓練邏輯的詞與故事練習法

得去思考要說什麼，久而久之就懶得開口了。

上述的練習可以強迫你適應主動思考、開口說話的感覺，讓大腦運作。將三個詞語串成非常有邏輯的故事當然不簡單，但剛開始練習時，只要你願意用這三個詞語自言自語一番，想到什麼說什麼也就算完成任務了。每天都一定要留十五分鐘做這個練習。在這十五分鐘之內，你不能看電視、玩手機，不要被其他事情奪取注意力，一定要心無旁騖。走出舒適區，適應不斷開口說話的感覺。之後，再用筆記本總結問題所在。像是說話不夠簡潔，對於詞語的聯想不夠多，內容不夠詳細等，然後再個別思考解決辦法。這其實跟複述很相似，但複述有資料可以參考，而這個即興說話練習則是讓你自己想出相應的資料。

我要強調一點，這個練習不會跟朗讀、背誦、複述形成衝突。如果你每天都安排半個小時練口才，那麼早上朗讀十五分鐘，下午或晚上也可以用十五分鐘來做這個練習。也就是說，你可以同時做兩種練習。前者用來打基礎，後者則用來練習表達的感覺，相輔相成，讓口才最大限度地提高。練習流程實際上是這樣：朗讀一篇文章，然後同一天找其他時間做即興演說練習；把這篇文章讀得非常流暢之後，第二天可以做複述練習，用自己的話說出文章意思，然後同一天找其他時間做即興演說練習。像這樣堅持練習一個月，甚至更久。當然不是每天都要這麼辛苦，但一天加起來半個小時，再忙也會有時間吧！

至於背誦，你可以自己斟酌。例如多背一些祝酒詞、自我介紹的小段落、道賀的話語，適當累積說話的框架，再因應實際情況修改，對於日常生活也很有幫助。我相信，當你對這些框架滾瓜爛熟之後，隨時隨地都可以根據場合變換詞語，將內容複述出來。上面這一階段的練習如果完成，未來學習其他技巧時會易如反掌。如果馬上學習那些技巧，很容易照本宣科、生搬硬套。

3 邏輯帶來談話深度

說話是思維方式的反應。有什麼樣的思維，就會說出什麼樣的話語。口才的基本功過關之後，那麼接下來，想讓說出來的話有趣、有深度，就必須在思維運作下功夫。

思維呈現在我們口語表達上的方式是什麼呢？眾所周知，就是邏輯和非邏輯。日常生活中，我們若非按照邏輯的形式去表達意見，就是跳脫邏輯，用發散思維等形式去聊天。所以培養邏輯意識和非邏輯思維，會大大提升口才能力。

透過說話不斷驗證的邏輯

所謂邏輯，簡單來說是一切事物客觀運作的規律。黑格爾的名言「存在即合理」正是這個意思。這個合理，並不是指「窮人受到富人欺壓」這種已經存在的現象就是合理。這句話的原意是「凡合乎理性的東西都是現實的，凡現實的東西都是合乎理性的」。換言之，某些現實的東西之所以存在，背後必然有導致其存在的邏輯。

好比我無緣無故拿起刀子刺傷無辜的你，這件事很荒謬不合理。但探究其背後的原因，或許是我情緒受到刺激，或許是我嫉妒你長得比我帥，甚至是我精神有問題，所以隨便找你下手。

當你一層一層深入探究，就會發現很多事情的背後都有存在邏輯。我們要做的，就是找出這個邏輯，然後加以印證準確性。少了邏輯，我們就找不到許多事情源頭的答案。而我們與他人的對話，就是不斷挖掘和印證話語背後的邏輯。例如你告訴我：「我今天過得很累。」所以我會找出你累的原因，問道：「為什麼這麼累？發生什麼事了？」

如果你問：「怎麼做才能提高自己的能力？」我就會告訴你「提高能力」背後的邏輯規律，而這個規律是從我個人經驗中歸納而成。最後，我會告訴你要設定清晰的目標，保持良好的行動習慣，諸如此類。

如果你開玩笑，問我：「你怎麼常常這麼無聊地躲在家裡啊，出去看看世界吧！」這時我知道你是在告訴我「外面的世界比躲在家裡更有趣」這個邏輯。我認同這個邏輯的話，就會同意你的說法；我不認同的話就會反駁你，說外面更沒意思——因為我知道躲在家裡可以玩有趣的網路遊戲。

接下來，你可能會嘗試用你的邏輯說服我：「沉迷遊戲不會對你的人生有什麼幫助，而出去見識世界，會增加你的見聞和學識，說不定讓你學到更多東西。」如果我懂你的邏輯卻依然不願意行動，就還是會找各種理由反駁你；而我如果不懂，就會希望你進一步解釋，請你說出你覺得合理的理由。

上面這些對話都屬於觀點的闡述。而觀點，就是邏輯推導後的結果。那該如何知道邏輯正確或者錯誤？這時，我們會憑自身的經驗實踐、社會的倫理法制，甚至其他管道的輔助理解，來驗證邏輯的準確性。而準確的邏輯，往往具備普遍驗證性。

例如「我搶銀行，現在過著富裕的生活；所以你搶銀行也能致富」，這個邏輯就不具普遍驗證性。畢竟更有普遍驗證性的例證是：搶劫銀行導致坐牢的人更多。

但是，我們很難知道一切事物的邏輯是否具有普遍驗證性，也很難搞清楚事情背後的全部邏輯。好比你看到比爾．蓋茲退學也能成功，你同樣被退學，那你會不會成功？未必。因為你並不知道比爾．蓋茲退學這個行為背後的全部邏輯條件。除非你透過自己的實踐，也創出一條屬於自己的邏輯。

正因為我們不知道很多「檯面下」的東西，所以就出現了「爭辯」、「觀點與角度」、「各執一詞」等概念。你說出你知道的事，我說我知道的事，他說他知道的事，各自都有各自的邏輯。這些邏輯可以補充對方的觀點，也可以反駁對方，更能印證對方——就這樣，我們的對話會在各種交鋒、討論、爭吵中呈現出百花齊放的情況。

MBA商學院的邏輯原則

既然說話要用到邏輯思維，那如何表達才能體現出自己的邏輯思考能力？其實很簡單，只需要秉持一個法則：你說的話要能夠自圓其說。

什麼是「自圓其說」？就是說出來的話有沒有對應的支持條件，而這些條件又能不能成為支撐你話語的理由。

MBA商學院通常都會開設一門邏輯課程，他們總結出邏輯思考的四條基本原則：

1. 結論明確，可以判定「是或否」。
2. 透過「因為……所以」來思考。
3. 結合事實（資料、實例等）。
4. 切合論點，切勿離題。

這四條原則用於表達可以用來幫助思考。首先，你說出來的結論一定要明確，必須是肯定或否定，不能模棱兩可。

老闆問你：「你覺得這次計畫內容如何？」你回答：「好像不錯，但又不是那麼好。」那到底是好還是不好？這樣就模棱兩可了。如果你明確表示這個計畫不是很好，那理由是什麼？你這時要思考，用「因為……所以」的形式闡述你的理由，而這個理由當然最好結合事實。

你說：「這份計畫提出要調派更多人力去完成任務。但現在公司的人力資源有限，如果犧牲其他業務的人力來完成，可能會顧此失彼。做成還好，做不成也許會得不償失。所以只用這種方式去做，計畫就不是這麼好。」這樣的論述就會切中要點。既然覺得計畫不好，就說出不好的地方。

你必須圍繞論點來講述，不能離題。明明是針對「人力資源不足，隨意調派會造成更大損失」的論點，你卻提道「人力資源還不夠優秀，做不好事」這個論點，這樣就不完整。因為就算人員很優秀，也很難彌補人手不足的問題。一個再優秀的將軍，打得過一支軍隊嗎？不可能！而這已經是兩個論點。我們不能犯轉移話題的邏輯錯誤。

但在哪種情況下，一個優秀的人可以對付一群人呢？在超人的世界可以。一個超人可以毀滅整個地球，更別提一支軍隊。這個能力的設定是前提條件，表示你的說法在何種前提下會成立。

人會自然老死，這是常識，我們知道這件事的邏輯規律。但「人不會自然老死」就不符合基本認識，如果要讓結論成立，你就必須給出前提條件，表示在何種前提下人才不會自然老死。例如：永久保持體內細胞的新陳代謝和運作。至於能不能實現則是另一回事。

也因此，當你要圍繞某個論點進行論述時，一定要給出相應的理由，以及這些理由成立的前提。有時你要論證一個觀點，給出一條理由並不足夠，往往需要給出更多論證。以前文的計畫問題為例，理由除了人力資源不足，還有時間安排的成本、每個員工的能力是否符合任務需求等，都可以是論證觀點的理由。而基於目前公司的整體狀況，這些理由要可以成立。也許其他公司可以，但我們公司做不到。

只要你的理由能支撐你的觀點，可以自圓其說，形成合理論述，說出來的話自然會給人一種強大的邏輯力量。

運用數學題目來表達思路

如何訓練和提高表達的邏輯能力？

在日常生活中多多思考自己說話的合理性，並多多檢視自己的推論過程是否有足夠邏輯支持。除此之外，我們還可以私下刻意鍛煉。最直接的方法，就是用一些邏輯推理題來訓練表達的條理。這個訓練有五個步驟：

1. 先自己把邏輯題目完成。
2. 口頭說出自己的解題思路，用手機錄下。
3. 重播自己說的話，看看能否聽得懂自己的推理流程。
4. 添加或刪除自己話語中遺漏或多餘的部分。
5. 不斷重複，直到完整流利地表達。

例如：123a，456b，789□，空格內應該填入什麼？你怎麼推理出來的？理由是什麼？你如果看到這個題目知道解法，那一定會有思路，那麼就把思路說出來，錄音記下，反覆聽並調整，以此練就說話的條理。

請練習以下兩個題目。

題目一：

算式：ABCD＋EFGB＝EFCBH

算式中每個字母各代表0～9十個數中的一個，請破解各字母代表的數字。

題目二：

某公司有一百名員工，其中有人愛好運動，有人喜歡安靜。現在經過調查，確定了以下兩個事實：

1. 其中至少有一人愛好運動。
2. 在一百名員工中隨意挑選組合成一對，其中至少有一人是愛好運動者。

你能根據上面兩個事實，來確定一百名員工中有幾個人愛好運動，幾個人喜歡安靜嗎？

按照前文那四條邏輯基本原則來思考這兩道題，推導出的答案一定要明確，不能這樣可行，那樣也行。最好先從已有的條件去推導合理性，然後排除不合理的答案，篩選出正確的，且一定要符合題目的前提條件。

說話要符合邏輯，不一定需要像愛因斯坦一樣聰明，做題目花多久時間都沒關係，最重要的是題目做出來之後，口頭把你的思路表達一遍。有了思路後，能有條有理地表達出來才是重點。這種練習，就是訓練我們在有固定思路的前提下說話有邏輯的方式。否則如果毫無頭緒，自然也不會知道如何說話才算有條理。

4 幽默的思維與語感

我們在生活中都喜歡跟幽默風趣的人相處。這些人總懂得把樂天積極的態度變成武器，然後以此來影響身邊的人，讓我們臉上的愁容一掃而空。

想要培養幽默感，你要先懂得怎麼運用非邏輯思考，不用客觀的邏輯去看待事情。

跳脫邏輯思維

我們有時說話會按照邏輯的形式表達，但在說笑話時，繼續用邏輯思路就很難給人一種「出人意料」的幽默感。所以這時，我們需要跳出常規，轉換說法讓話語變得更有趣。不管是應對別人刁難、逃出對方的語言陷阱，或者是鋪梗、博取紅顏一笑，都需要這種思考模式。這種形式是展現幽默反應的要件。

如何運用這種非邏輯的思路呢？舉例來說，你回答別人1＋1＝2，這是邏輯；但你回答1＋1＝3，因為一個男的加一個女的說不定會得到一個小的，這跳脫了正常的邏輯思維。

很多思考模式（如發散思路、形象思路、類比思路、收斂思路）某種程度上都可以跳出常規。那如何應用在聊天上面？一般與他人聊天只有四種回應：

1. 肯定
2. 否定
3. 不肯定或不否定
4. 顧左右而言他

針對同一件事可以得出四種回應，像是別人跟你說：「你看起來怎麼這麼老？」用正常的邏輯思維，按照這四種方式回答，就是這樣子：

1. 肯定回答：長期熬夜導致，所以變得這麼蒼老。
2. 否定回答：哪有？我覺得我的樣子很年輕啊，幹嘛說我老？
3. 不肯定或不否定：關你什麼事？你為什麼跟我說這個？
4. 顧左右而言他：呃，有時候長相這個東西很難說，你想得會跟現實有落差。

這些回答都是在特定邏輯框架下的回答，都是在探討現實生活中導致「我看上去老」的客觀原因，圍繞這個原因來做論述。但作為應對方式，這太正經了，給人感覺很直白。一點趣味都沒有。而跳出邏輯思考，就不會緊抓著客觀原因，會跳出界限，用非客觀原因去回答：

1. 肯定回答：沒辦法，國家還沒統一，這讓我很憂心啊！

2. 否定回答：我這種不是老，而是成熟。

3. 不肯定或不否定：老不老不是看外表，而是看內心的。

4. 顧左右而言他：我就像佛祖，超然脫俗，其他一切隨遇而安吧！

需要說明的是，這些回答的指向是對內的，也就是指向說話者。如果說錯了話想要緩解尷尬，自嘲就屬於這種對內的非邏輯思維表達，例如「看來我的智商欠費了，連恭喜的話都說錯」；而如果遇到別人找碴，那麼這些回答的指向就要對外，也就是指向對話者。以上面問題為例，對外的四種回答是：

1. 肯定回答：是的，跟你這種嘴壞的人相處，誰都會被氣老。

2. 否定回答：也許你視力沒那麼好吧。

3. 不肯定或不否定：我老不老不知道，但說我之前要不要先看看你的穿衣打扮又有多年輕？

4. 顧左右而言他：有時候問問題也要有水準一點嘛，像你這樣就問得刺耳又讓人討厭。

性格外向者選擇用語一般是對外，而很多內向不敢說話的朋友，說話往往指向自己，也習慣逃避。高級的幽默感，一定要具備穩定的心理素質和豐富的知識存量。但平常聊天時的開玩笑，適當跳出邏輯思維就行了。

思考一下。同一個問題，你按照我上面寫的方法，試著想出不同的回應方式，看看是否能想出一個非邏輯的有趣回答？當你有了刻意跳出邏輯思維的意識，接下來，就可以培養製造幽默的思維方式。

聲東擊西與曲解

幽默的思維方式，可說是成為幽默高手的核心條件，也是最重要的外功之一。俗話說，授人以魚不如授人以漁。如果背幾個笑話、借幾個段子去搞笑是「魚」，那麼自己培養幽默的思考方式、自己學會講笑話，就是「漁」了。

幽默需要不同的思路。因為幾乎所有幽默，都是對常規的改造和變換，意思是與平時所想的點不同，有一定程度的反邏輯。只要懂得怎麼打破常規，就能掌握幽默。

舉個例子，我問朋友對於擇偶有什麼要求？他說：「以前年輕時，我總覺得找女朋友只要長得漂亮就好了，其他方面都不重要。但後來年紀大了，我才發現這個想法實在是太膚淺了。兩人相處不只是漂亮就足夠的——身材好也很重要！」看完這段話，是不是會心一笑？如果有，為什麼？因為常規思維的轉換。

聽朋友說到「這個想法太膚淺，兩人相處不只是漂亮就足夠」時，一般會認為，兩人相處確實不是只要漂亮就夠，還有性格、三觀、習慣等內在的調和。然而朋友最後給出「身材好也很重要」的答案，焦點還是回到了外在，這讓常規想法發生錯位，於是這一下子不協調的反應，就讓我們感到好笑了。

幾乎所有的笑話，都是這種對常規思維的轉換，會令人意想不到。這種幽默方式需要醞釀——誤導別人將焦點放在常規的一面，最後再給出解答——即常規思維的另一面。換句話說，我們讓別人的思維聚焦A點，最後給出B點這個解答，是出乎意料卻又合乎情理，這樣就會好笑。這種技巧說簡單也簡單，說困難也困難。困難的部分在於，你一定要確實誤導了對方的思維，如果不能，你想到的別人也能想到，沒新意就不好笑了，所以要「意料之外」。周星馳的電影好笑就是這個道理。

這種幽默方式需要醞釀；當然也有不需要醞釀的方式。有次我跟一個女同事出席活動，她提醒我對面講台上的那個人，有很硬的背景，所以做事很霸道。女同事看著他不爽地對我說：「要不是他上面有人，哪可以混到這種程度？」聽到女同事這麼說，我連忙抬頭看向那個人的頭頂上，假裝不解地說：「他上面哪有人？不就是個看板嗎？」女同事好笑又好氣，氣憤之情蕩然無存。

這種不需要醞釀的幽默方式，就是曲解。把對方的話曲解成另一個意思，也同屬於思維的轉換。是把對方腦海中既定的思維，用我自身的思維去解讀，然後產生思維錯位。

無論是誇飾、雙關、曲解、歧義、聯想等語言技巧，無一不是對常規的轉換。想一想，一本正經地說瞎話，會不會給人好笑的感覺？

用非常認真的語氣跟別人說「蹲在廁所喝十杯豆漿，能讓人變得更聰明」這就是思考錯位。只要幹話越瞎，你又說得非常嚴肅認真，那一定會讓人覺得好笑。因為常識是「幹話是隨便說，正經話是認真說」，而搭配起來很違和的東西混在一起，自然能產生「笑」果。把不重要的事情用很看重的方式表達，痛心疾首地說一些好滑稽的事，像是「我踩到老鼠屎了」，就會很有幽默效果。

如何培養幽默思維？很簡單，買一本笑話集逐一看，看到好笑的就停下來，認真思考這個笑話到底為何讓你覺得好笑，究竟是哪個點？只要持之以恆，你的幽默感一定大大提高。為什麼要這樣做呢？我在讀書時，室友如果看不懂報紙上的一些笑話故事，就會跑過來問我意思。這時我會認真讀一遍，分析笑點。久而久之，我發現自己理解笑話的能力變強，很容易可以跟室友解釋笑點在哪裡。後來索性買笑話集回來研究，於是養成這種幽默思維。

除此之外，你還需要提高另一種外功，就是表達技巧。

幽默的表達技巧

幽默是需要一定表達技巧的。這個技巧是語氣、語調、表情、肢體語言、句型的選用等方面的展現。

同一個笑話，為什麼有些人說出來好笑，換人卻平淡乏味呢？這就是表達技巧的問題。首先，你要在意識到自己準備說笑時，還能保持一本正經。講笑話的大忌，就是別人還沒笑，自己就先笑了。沒錯，別人看到你笑也許也會跟著笑，但不會有助於對於你的幽默印象。

因此，在意識到自己要發揮幽默感時，無論如何不可以先慌亂，一定要沉著自在。回顧一下前文舉的例子，有哪個不是一本正經、沉著自在地說出來？因為這樣才能製造反差。千萬別在說笑之前先說「我看到、聽到或想到一個好笑的」，這樣說出來也未必好笑。要「潤物細無聲」地展示出來。記住，說完之後才展露微笑，讓人知道你在開玩笑！只有這樣，比較有攻擊意味的笑話才不會至於讓對方受傷。

再者，想成為幽默高手，一定要改進回應方式。我先前就寫過，你給別人的感覺取決你如何回應。就是說，回應方式決定了你的為人。所以轉換回應方式，就能變成幽默的人。其中一個要點是，要隨時有意識地捕捉可以幽默回應的笑點！例如，你的愛人突然放了響屁。一般的回應方式是：「你怎麼突然放屁，臭死了！」但這時顯然也是一個可以轉換回應方式、觸發笑點的機會。幽默高手可能會下意識地跳過常規回應，用另一種語法去表達，一本正經地說：「經過你這樣的訓練，我相信我以後去任何毒氣室都可以活下來。」

再舉個例子。我們公司之前有個新同事，是個文靜的小女生，不愛說話，但喜歡唱歌。有次大家去唱ＫＴＶ，這個小女生點了幾首歌自己唱，唱得滿好的，不過最後一首不小心破了音，弄得她自己和場面很尷尬。這時一個男同事走到她旁邊說：「好吧，我本來沒打算跟妳聊天，但既然妳犧牲自己把歌唱成那樣子引起我的注意，我只好破例跟妳說話了。」小女生笑了笑，氣氛自然好了。這是展示幽默機會、沉著自如講述，並轉換思維解讀的最佳例子。當然還需要厚臉皮，而這也是外功之一。

你要在日常生活中培養捕捉幽默的意識，時時刻刻思考幽默的時機，以及場合。成為幽默高手並非一朝一夕，持之以恆才能有所成。我們增加學識，打扮得乾淨得體一些，待人處事真誠大方，就能成為充滿魅力的人，這時幽默會錦上添花。你所收穫的碩果，絕對比以往更為豐盛。從今天開始，學著去做幽默高手吧，讓身邊的人都因為你而充滿笑聲，相信生活一定也會多姿多彩。

5 畫龍點睛的修辭學

說話跟寫文章一樣，都要對內容進行修飾修潤。修潤的作用，是為了讓說出來的話沒那麼直白，或變得更有趣、更容易理解。如果你完全沒有為了對象、情境調整即將說出來的話，那最後的表達效果很可能會令你不太滿意。

例如，你無意中看到男性朋友牛仔褲沒有拉上拉鍊，直接點明說不定會讓對方陷入尷尬。但如果你修飾一下表達，採取旁敲側擊的方式，像是：「你的石門水庫沒關，請檢查一下哦。」我相信對方不但可以會過意，也會會心一笑而忽略尷尬。

修辭，就是這樣一種調整方式。我們能透過修辭學吸收表達技巧，接著在說話時運用。由於修辭種類較多，本書只介紹口語表達中較為常用的幾種。

比喻，注意語氣與強度

比喻就是打比方，利用某些相似的特徵，不直接說出某一事物，而是以具體形象作為比方。比喻有三個組成部分：本體（被比喻的事物）、喻體（用作比喻的事物），以及比喻詞（聯繫本體和喻體的輔助詞）。

在表達上，用具體、熟悉的事物，來描述抽象、生疏的事物；或用淺顯易懂的道理，來證明深奧、艱澀的道理。這種做法能讓人易於理解和認同。比喻一般有三種：

1. **明喻**：本體和喻體同時出現，常用像、如、仿佛、好比等輔助詞。例如：我的手機，像是磚塊一樣硬，用來當武器堪稱一流。
2. **暗喻**：本體和喻體也同時出現，不過比喻詞不是好像、仿佛，而是成為、就是、變成。例如：我的手機是一塊磚塊，拿來當武器砸人一級棒。
3. **借喻**：只說喻體，不說本體，也沒有比喻詞。前文把門口比作拉鍊打開的例子，就是借喻，不直接說出本體，用形象相似的喻體來暗示對方。套用手機的例子，會說（拿起手機對著挑釁者）：我手上這塊磚頭，是硬得隨時都能傷人於無形的一流武器啊！

三種比喻的語氣效果各不相同，從弱到強依序遞進。所以當你在罵人的時候，說「你臭得好像一坨牛糞」，就比不上「你這麼臭，簡直是一坨牛糞」，更比不上「牛糞就是臭」。還有另一種比喻，稱之為「較喻」，是比喻的變體式，意在強調喻體在某種程度上不及或超過本體，常用的比喻詞為不如、比不上、比什麼還什麼等。實際應用像是：我的手機比磚頭還要硬，用來砸人簡直舒服；你連牛糞都不如！

平常說話時，我們可以根據表達需求，採取相應的比喻法。在講述一些不方便直接開口，或對方不太明白的事情時，比喻是非常有幫助的。

當然，比喻不能流俗，諸如：你的眼睛就像天上的星星；你笑起來就像一輪彎月。不要使用這些俗套的方式，運用比喻一定要有自己的思想和特色。像是：

A：我曾經在南非看到一種寶石，非常晶瑩剔透，光澤明亮，它散射出來的光芒，很容易就把人的注意力吸住，感覺深邃而無可抗拒。

B：你為什麼突然說這個呢？

A：因為現在我看著你的眼睛，就想起了這種寶石。

借代，發揮聯想力

借代是不直接說出某事物，而借用另一種說法來代替所要說的事物。被代替的事物叫本體，用來代替本體的就叫作借體。我們常說的「金髮碧眼」，就是用來借代擁有這個特徵的外國人。但這些只是約定俗成的用法，平常說話時，也可以運用借代來調整表達方式。

借代有好幾種，不論是以特徵來代替，還是用暱稱代名字、具體代抽象，還是普通代特定，都有一個共同點，就是借用的形象都與本體有關。形象可以是事物的某一部分、某種標誌，也可以是事物的所屬、所處。「金髮碧眼」就是部分代替整體的應用。中國常用鬼子借代日本人，棒子借代韓國人，噴子借代網路酸民，不過這都是負面的借代。如果你每次跟別人提到《復仇者聯盟》都簡化為「復聯」，也是一種借代。

借代有時能讓人更容易明白說話的所指，不用大費周章地重說一遍本體；借代甚至也能作為彼此交流的「暗號」，例如你朋友說他喜歡前凸後翹的女生，說著說著，一個胸大的美女走了過來，你可以說：「你喜歡的前凸來了，但後翹還沒出現。」這樣就算被對方聽見，她也聽不懂。

要特別注意的是，如果對方是臉上有麻子，那麼在借代時不可以說：「你看，那個麻子來了。」因為這對有生理缺陷的人是一種冒犯，含有侮辱成分，肯定會引起反感。這種借代不該使用。

仿擬，引用的藝術

仿擬，就是仿照現成的格式，臨時模擬出一種新說法。這種修辭手法，是說話者根據當時語境，將前面提及的某種事物信手拈來，改變某些成分而構成新詞、新句、新調。仿擬一般有三種：

1. 仿詞：改變既有詞語的某個成分而創造一個新詞。例如別人開玩笑說，他是「胸大」

畢業的，匈牙利大學。

2. 仿句：模仿現成句子結構，或改變現成句子成分而創造出新句子。例如「落霞與孤鶩齊飛」就可以仿成「貧窮與孤單齊飛」。

3. 仿音：模仿現成語句中某些字詞的發音，並改變字詞而構成新意。例如，相敬如賓就可以說成相敬如冰，或相敬如兵。

我們可以將許多成語、俗語透過仿擬來轉化為自己的意思。你說你對某些思念是才下眉頭卻上心頭，我說我剛吃了過期的麵包，才下喉頭卻上口頭，要吐了。甚至還可以仿造某些場合的用語，如天氣預告：今天白天有點想你，下午轉大至暴想。心情將由此降低五度，受此低情緒影響，預計此類天氣將持續至見到你為止。

像是成龍拍的霸王洗髮精廣告，也可以拿來仿擬開玩笑，讓主體成為電影：「這部電影，你不能說請我看，我就看。首先我得試一下，看看預告片怎麼樣，再讓我的朋友一起來鑑賞一下。否則最後出來，朋友覺得我推薦他們看這部電影是假的，加了很多花言巧語，『duang』的一聲，很嗨，很猛，很好看，證明是假的，那朋友肯定就會罵我！我要讓他們看到，我看完電影是很高興，他們看完電影也很高興。」

誇飾，節制為上

誇飾是為了突出某一事物或強調某種感受，有意誇大或縮小，即言過其實。並不是要失去真實或者不要真實，誇飾是以真實為基礎，透過想像，藝術地擴大或縮小真實，讓聽眾對真實有更加深刻的印象與理解。很多笑話都建立在誇飾的修辭手法上。

有一天，搶匪抓了張三、李四和趙五。搶匪說：「你們三個去果園裡，一人選一樣水果。」於是三人進去了。過了一會兒，張三拿著一個蘋果出來了。搶匪說：「你把自己摘的水果塞進你的肛門裡，我就放了你。」張三試了試，沒成功，被殺了。李四拿著三顆葡萄走出來，搶匪說了同樣的話。當李四塞到第三顆的時候，突然一笑，把最後一顆夾爆了，於是也被殺了。李四來到地獄，閻王問：「你怎麼這麼笨？不笑不就好了嘛！」李四道：「我也不想笑，只是我塞到第三顆的時候，看到趙五抱著一個榴槤走出來……。」

在日常交際裡面，誇飾不宜多用，否則容易讓人覺得你誇誇其談，脫離實際。除非是刻意開玩笑，或為了刻意突出某些思想。像是你等朋友等了許久，終於見面時你就可以抱怨：「我等了一個世紀你才出現，好意思嗎？」

表達內心恐懼可以說：「我剛才看了一部鬼片，嚇得下巴都要掉下來了！」表達高興可以說：「剛才男神跟我打招呼，我開心得走起路來都蹦蹦跳，差點把馬路都跳塌了。」表達堅定可以說：「如果我騙你，我就把頭給你當球踢！」誇飾的手法，有往大的去說，也有往小的去說。前者是把愛你一輩子說成愛你一萬年，後者就是把十年這麼長的時間，說成一眨眼就過。

誇飾要有節制才能做得到位，否則就變成吹牛了，其中分寸，我們在說話時一定要注意。

除了上述四種，其實還有其他修辭法，例如對比、襯托、排比、雙關、層遞等，但這些在日常生活中很難在口語的環境下用到，通常是寫文章或演講用得較多，有興趣的讀者可以深入學習。我們在學習過程中，把這四種修辭法運用到日常交談，那表達能力就會提高一個層次，無論說什麼，都能把心裡的意思表達出來，讓聽眾理解明白。

6 反應慢？三方面提升應變口才

想學習辯論，提高辯才，那麼應變能力就是一種不可或缺的因素。

不要以為在在生活中沒有機會跟別人「辯論」。事實上，這無時無刻都可能發生。想一想，有沒有遇過一些需要你反應的情況呢？有時候，反應快不但可以緩解尷尬，還能塑造良好形象；反應慢則可能弄僵聊天氣氛，讓自己陷入被動。尤其是無緣無故遭到刁難，罵回去可能有損形象；置之不理會不暢快；和和氣氣講道理，別人又把你當笨蛋。怎麼辦？有沒有一種可以回擊對方，又能潤物細無聲的應對方法呢？當然有！那就是提高應變力。舉個例子：

A：小丑先生，看來你很受觀眾歡迎嘛！

B：還好，謝謝！

A：做一個小丑，是不是一定要像你這樣，長得又蠢又醜，才會受到觀眾歡迎？

B：你說得很對。要是我也能有一張如閣下這種臉龐，我一定可以升職加薪。

雲淡風輕，泰然自若，四兩撥千斤，這就是應變口才的魅力。應變口才，一定要基於我們的應變能力。所謂應變能力，就是遇到突發狀況時，能夠迅速果斷地採取相應的方法來處理。而語言上的應變，也是展現應變能力的方式之一。

無論上台演講，還是閒談聊天，我們很容易遇見一些不利於自己的因素，從而陷入被動與尷尬窘迫。對於這些言談中發生的各種意外，諸如聽眾提問、挑釁者發難，甚至是自己無意中的小失誤，快速正確應對就能輕鬆化解，化被動為主動。努力學習並提高應變能力，就可以錦上添花。

■應變口才的基本組成

我們可以在圖8中看見應變口才的要素。要先有穩定的心理素質，不被突發情況影響；然後銳敏地意識到需要做出應對的地方；最後運用思維能力，幫助自己快速反應。這三者缺一不可，既相互影響，又彼此互補。因此，提高我們的應變能力，就必須從這三點著手。

■心態穩定，才不會錯失良機

處變不驚，從容不迫，是穩定心理素質的必要條件。

試想一下，當你看到一隻老鼠經過腳下，你嚇得整個人都跳起來，大呼小叫的，你覺得自己還能掌控當前局面嗎？恐怕不能！因為你的思緒已經受到外界影響，全身上下的注意力根本無法聚焦在當下。在一些機會稍縱即逝的場合裡，不管你再努力補救，最佳的反應時機都不會重現。就像是你當場被別人嘲笑，尷尬得手足無措，結果兩天後你才跑回去找對方算帳，這是不是為時已晚呢？

穩定的心理素質，是應變能力非常重要的基礎。想提高心理的穩定度，必須具備兩個條件：一是遇事沉著冷靜，二是舉止張弛有度。

「遇事沉著冷靜」很好理解。如果一遭遇出乎意料的事都容易亂了陣腳，我保證接下來你會「不知所措」。情緒跟思考系統緊密相連，會影響思考，思考會帶動情緒。你的慌亂，只會阻礙你轉動腦子。而保持冷靜，就是為了爭取思考的空間，以此想出對策。否則你忙著驚慌失措，大腦根本沒有空間來思考問題。

懂得調控自我心理，在保持冷靜上格外重要。遇到突發狀況，一定要提醒自己不能慌張、不能驚恐。就算真的非常緊張，

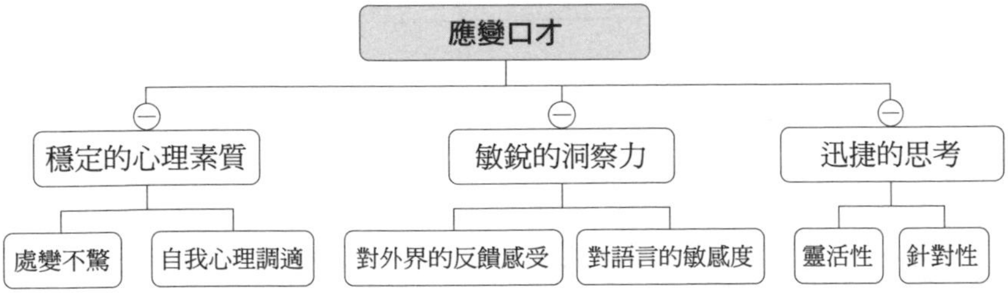

圖8　應變口才三要素

也要刻意保持鎮定，裝也要裝出來。只要這樣做，大腦就會錯以為「一切安好」，從而不會失去理智。

也因此，我們要訓練「張弛有度」，既不能嚇得跳起來，也不能興奮得手舞足蹈——至少不能在需要冷靜應變的場合這樣做。

豐富閱歷，增強學識，對於提高心理素質也有很大幫助。畢竟經歷多了就會見怪不怪，自然不會被突發狀況嚇到了。但剛開始鍛煉心理素質時，我們先學習掌控自己，這樣也能慢慢進步的。

洞察力：要先知道對方的意思

遇到突發狀況，懂應變的人至少會敏銳地意識到當下該採取的應對措施。例如聊天時突然陷入冷場，大腦一定會發出指令，暗示「遇到情況」，這時我們就知道該說些話來暖場了。或者在台上演講時說錯話、念錯名字，大腦一定也會發出暗示，這時就要迅速糾正錯誤。只要這種情況對心理造成影響，大腦就絕對會意識到。如果意識到，又不想讓自己繼續難受，我們一定要馬上反應。而做出反應需要主動掌控。也就是說，當你遇到突發狀況，一定要根據時間、場合與人際關係等因素，有意識地主動去思考解決，採取適合的對策，而不是一味被動逃避。

不管是被別人挑釁，還是遇到冷場的尷尬局面，在應變口才上，想應對難題就必須對語言保持一定的敏銳度，至少要懂得運用語言來化解。正如前文小丑的例子，當A說「是不是一定要像你這樣，長得又蠢又醜」這句話，如果對外界的感受回饋力強，大腦一定會意識到這是針對你的諷刺。這時要主動思考，做出反應。在案例中，B的反擊是根據A的語言邏輯做出應對。換言之，B先假裝認同A「長得醜等於受歡迎」的前提，接著才引申出「我要是有你這張臉，一定會更受觀眾歡迎，升職加薪」。為什麼？因為你長得比我還醜。這是一個沒有表明的隱含結論，暗藏在B的言語裡。只要稍加思考，誰都能領會到這個結論。B因此能暗諷對方。所以，提高對外界感受的回饋力，增強語言敏銳度，就能反應得更好。否則被人嘲笑了，還一臉歡喜地以為被稱讚。

前文說的只屬於被動意識，即反應是根據外界的波動而採取應對，當然也有自己主動反應的情況。很多搞笑幽默的言談，基本上是屬於這一類，要主動去逗樂別人。例如，朋友跟你說：「我真的好想可以在天上飛啊。」根據這句話，你可以主動反應：「原來你想當個鳥人！」朋友一定會又好笑又好氣。

垂直或橫向？靈活的思維變化

我在上一節說過，思維能力能讓說出來的話更出彩。不同角度的思考，其實對於反應也有不小助益。很多時候，我們的反應不一定是基於單一思維，也可以是幾種思維綜合運用的結果。

這些思考能力，對於解決我們日常生活中的問題各有用處。平時養成「思考突發事件如何應變」的習慣，能讓思維保持活躍狀態。總之，遇到事情都主動想一想，自然可以保持思考慣性。法國思維心理學家波諾（Edward de Bono）將人類用於處理應變情況的思維，分為垂直思考和橫向思考兩種。

垂直思考，直視事物的客觀現狀和變化，直接面對矛盾，不回避焦點。例如有人罵你長得醜，垂直思考的回答會是：「你才醜，你全家都醜，你祖先都醜死了。」

橫向思考，是要求避開問題的正面，從多角度入手，不斷從一條思路跳到另一條思路，接著分析其他方面，找到問題的解法。對應上面的例子，別人罵你長得醜，橫向思考的回答會是：「真擔心你將來的伴侶，跟你接吻的時候，可能會被你的口臭熏死！」

兩種思維的差別在於，垂直思維是仰賴分析，橫向思維重於啟發；垂直思維按部就班，橫向思維則靈活跳躍；前者死板，後者則充滿創造性。實際應用當上，兩種思維可以根據外界狀況交叉運用，穿插調動，才能全面發揮上述思考的能力。例如別人說你醜，而你在衡量天時地利人和之後，發現直接回罵對方醜的效果可能更好。

當然，這需要一定的練習才能深有體會。我接下來會提供三種能建立靈活思維的有效鍛煉法。

1. 快速閱讀

在特定時間內看完一篇文章，快速歸納中心思想，然後用自己的語言簡單地表達出來。可以在看完一小段後，馬上說一說這段話表達的意思，這個練習可以活躍你的思考模式。

2. 快速預測

在意識到自己即將面對某些談話場合之際，例如開會、接觸聊天對象或者聽到別人說笑時，預測別人下一步做什麼，下一句話說什麼。讓自己心裡有底，並設想不同的應對方式，試著練習，藉此提升大腦的應對能力。

3. 快速辯論

接觸某些觀點後，根據該觀點從正、反兩面做出辯論。平時你可以出難題考一考自己，嘗試為兩種觀點辯護。這種做法能讓你的思維廣度、深度獲得顯著提升，將來思考問題的方向也就不會限制於一個小範圍。

只要思維敏捷度提高到一定程度，就會擁有良好的應急口才。這種本領在各種場合都有用，可以幫助我們解決突發的尷尬與某些不善的攻擊。無論何時，記得要堅持鍛煉。

第五章

語言組織力與口條養成

口條是以基本功、邏輯思維為基礎，將字句組織得條理分明。本章從邏輯基本律開始，提供將知識轉化為自我觀點的閱讀法。建立了多個觀點之後，將其延伸至觀點線，說話便能言之有物。

1 語言的四大邏輯基本律

平常說話，一定要遵循形式邏輯的基本規律。如果對什麼都信口開河，胡編亂造，不但會造成不可信的印象，而且會讓你不得重視。所以，提高說話邏輯能為話語增添分量和說服力。

一般而言，邏輯的基本規律就是同一律、矛盾律、排中律和充足理由律。這四種規律或多或少影響了表達，體現在說話的所有環節。為了把話說好，必須好好學習這些基本規律。說話時，注意運用這四種邏輯定律規範自己的話語，你的表達將會更有邏輯。

同一律，確立中心思想

一篇文章，一次談話，都必須有一個明確的思想。這個思想貫穿整個談話內容。要說服別人，也要圍繞一個目的來開口。如果想說服別人不要傷心，卻不斷說看書的好處，別人聽完也不會懂你表達的意思——除非，你能給出看書能治癒傷心的理由。而這，就是邏輯的同一律。

運用同一律的注意事項有兩點：

1. 概念必須明確

在運用概念表達思想時，一定要說清楚概念的內涵和延伸。如果明確掌握概念，那麼你在運用時，自然不會偏離軌道，整個談話也能保持確定性。如果連你自己都不知道概念的準確意思，你在表達時就容易思想混亂，於是說著說著，就不知說到哪裡去了。

如果有人說：「戀愛的技巧很重要。而技巧水準的高低，是讓你戀愛成功的重要條件。」這句話有什麼問題呢？問題在於，後半句表達的是技巧水準的「高低」。也許你想表達「戀愛技巧」的水準高了，就會容易成功；水準低了，則很難成功。最後卻說成「高低」都很重要。換言之，這句話沒有理出清晰的頭緒，把水準低都當成戀愛成功的重要條件。

這是對表達的概念不明確的例證之一。平常說話時，一定要加以注意概念的傳達。

2. 不能隨意轉移說話的主題

說話時必須有一個貫穿整篇談話的中心。你說話的當下只能有一個中心，不能同時有其他的。否則上一句是這樣，下一句又說是那樣，聽眾會如墮雲霧，不知道你到底說什麼。跟朋友聊天時，很容易想到什麼說什麼。逛街看到別人吃冰棒，就跟朋友說也想買來吃。說著說著，開始感嘆想買的衣服都沒有折扣。朋友聽了，是要回應吃冰棒的事，還是討論衣服的事呢？

因此，講話時要在心裡裝著一個主題，想著主題，圍繞著主題來講。別以為閒聊不用這樣。你約朋友去看電影，至少也要說是哪一部，又為什麼想看吧！安慰別人，也至少圍繞著「不要傷心」這個主題吧。只不過這個過程比較短，不如演講長篇大論，所以我們才意識不到。很多時候的爭執，吵著吵著，內容已經跟最初的完全不同，不知道為何而吵。結果冷靜下來才發現，大家其實意見是一樣的。這就尷尬了。平日多留意這點，表達就會更清晰。

矛盾律，思想必須前後一致

相信讀者都聽過自相矛盾的成語故事。可以刺穿所有東西的矛，跟可以防禦所有矛的盾，相遇到底會有怎樣的結局？至少在我們的世界是不會發生的。因為這兩個判斷不能同時為真，至少有一個為假。例如，有種液體可以溶解世界上的所有東西，那它要用什麼東西來裝？如果無法盛裝，那麼它豈不是溶解了載體之後，就不會存在於世上嗎？

所以矛盾律，不能都是真的，只能同時都是假的，而且真的也只能有一個。

許多人在現實生活中，時常犯了自相矛盾的錯誤。例如：「這些食物我都愛吃，只有一個，我怎麼都吃不下去。」這就是自相矛盾。正確的說法應該是，這些食物我大部分愛吃，或者我多數都喜歡吃，而非全部。我們平時很難察覺到自相矛盾的話語。一般來說，如果無法自圓其說，基本上就是自相矛盾了。明明跟女友說是去看電影，沒想到被女朋友的閨密目擊在同一時間跟另外的女生在一起。一個人怎麼會在同一時間身處兩個不同的地方？兩件事不能同時為真，只能有一個為假。

在辯論中多觀察，抓住對方的自相矛盾，就可以立刻駁倒對方，給予強力反擊。

排中律，是這樣就這樣

矛盾律跟排中律最為類似。矛盾律是兩個互相矛盾的判斷不能同時為真，只能有一個為假；而排中律，就是兩個互相矛盾的判斷不能同時為假，一定要有一個為真。

也就是說，排中律要求表達的思想觀點必須鮮明，是什麼就是什麼，包括肯定的、反對的、贊成的、批評的都要清晰明確，不能含糊其詞，絕對沒有中間狀態。例如有人說，聽歌對治療情緒很有用；也有人說，聽歌對治療情緒沒用；而你最後卻說不見得有用，也不見得沒用。那到底有沒有用？聽了你的話語也不會知道意思。如果有用，你要清晰表達觀點；沒用的話，也要明確表達——不能一邊說聽歌對治療情緒有用，接著又推翻其效果，相互否定。這兩者只能有一個是真的。

許多人分不清楚矛盾律和排中律的區別。矛盾律，其實是兩個相互矛盾的命題不能同時為真，其中必有一個為假。例如，矛可以刺穿任何盾，而盾可以擋住任何矛，兩個命題互相矛盾，所以不能兩者都為真，否則會否定另一個；既然否定了其中之一，說明只有一個是真的，另一個是假的。但如果兩者都是假的？即：矛刺不穿任何盾，盾也擋不住任何矛。如果兩者都是假的，也會否定其中一個；既然否定了其中之一，表示另一個必然為真。

排中律，指的則是兩個自相矛盾的命題不能同時為假，其中一個必定為真。例如「你中獎了，但也沒有中獎」，這個命題就是互相矛盾，按排中律只能肯定其中之一。要不是中獎，就是沒有中獎，不能模棱兩可。

通常矛盾律和排中律都會合併使用，因此構成了「二值原則」，就是任意一個命題可能是真的，也可能是假的，但不能既真又假，也不能既不真又不假。這個基本的邏輯概念會影響到日常的說話表達。

充足理由律，有憑有據

充足理由律，即要確定一個判斷為真，就要有充足理由。

我們表達觀點、闡明思想一定要有理有據。提出觀點之後，需要給出相應證據、大量佐證材料，才能讓人感覺到說服力。所以講道理時經常會附上相應的例子，原因就在於此。

例如，常吃燒烤容易致癌。這個判斷要如何確定真實性？這時需要舉例。只要舉的案例真實存在，經得起查核、歸納與推敲，就可以增加邏輯力。如果只能猜測、大概、憑空猜想，不管說什麼都很難讓人信服。有些人說話，以為這樣就是這樣，什麼理由也說不出，那麼再華麗的詞藻也是蒼白無力。

所以表達觀點時，論據充分有力，自然能提升表達。這需要我們收集生活中的材料和知識，豐富論據內容。

2 即興表達的模式架構

即興表達已經成為一項基本技能了。

話雖然有說得好與不好之分，但你若能在每次的即興說話中，完整表達自己的想法和意見，別人就會對你有積極明快的印象。假如你回答總是支支吾吾、吞吞吐吐，留給他人的印象自然不會太好。因此精彩的即興演講，不但能塑造良好形象，還能讓展示能力。

如何在即興表達時，快速組織自己的語言？以下提供一種結構，稱之為即興演說四部曲：

1. 喂，請注意！（開頭就吸引聽眾注意力）
2. 為什麼要花時間說？（強調這次說話的重要性及原因）
3. 舉例子。（將論點一個個具體擺出來，讓聽眾理解）
4. 怎麼辦？（具體告訴大家應該怎麼做或該做什麼）

我用電影《金剛：骷髏島》（*Kong: Skull Island*）舉例，向朋友表達這部電影的觀後感。小明，你有沒有看過《金剛：骷髏島》這部電影？沒有嗎？我昨晚看了（**喂，請注意！**）；我看了這部電影之後很震撼，無論是特效還是金剛的設計，都很令人耳目一新（**為什麼要花時間說？**）；這次金剛的體形高達三十公尺，比之前彼得・傑克森（Peter Jackson）的版本的金剛大四倍，我看IMAX的時候很過癮。而且特效又真實，臨場感強。雖然劇情一般，不過這樣的特效大作，就是讓人看了爽快（**舉例子**）；如果你有空的話，就找你朋友去看看吧。我強烈推薦（**怎麼辦？**）。

這種表達模式，既能讓聽眾理解你的想法，也能知道支持想法的理由。於是帶來清晰明瞭的溝通。當然，我們平時對話的過程，很難完全按照這個框架的順序。這時就要適當變換了。例如：

A：我昨晚看了《金剛：骷髏島》，滿好看的，你趕快去看吧！（先表達觀點）

B：哪裡好看了？

A：這次金剛的體形高達三十公尺，比之前彼得・傑克森那一版的金剛大四倍，我看IMAX的時候很過癮。而且特效又真實，臨場感強。雖然劇情一般，不過這樣的特效大作，就是讓人看了爽快。（舉例子）

B：聽起來還挺好的，我找時間看看吧。

綜上所述，我們一般談話時都會按照「觀點—理由—觀點—理由」的流程來溝通。「我今天不開心」、「我前天去了迪士尼玩，好爽啊」、「我覺得學英文太難了」等，都是你的觀點。說完觀點接著要說理由，為了理由更好懂，還要再附上例子。如果「迪士尼樂園好玩」是觀點，那麼「工作人員態度很好，而且遊樂設施刺激，玩起來很爽」就是理由，而你要舉例說明「工作人員如何用友善態度服務；有哪些遊樂設施，可以怎麼玩」。

在這個模式中，真正困難之處在於「舉例子」。為什麼？因為這涉及到兩個因素：個人經歷與知識見聞。

我們如果有過經歷，那麼表達觀點之後，個人經歷就會變成該觀點的佐證；如果沒有經歷，那麼就算你說「迪士尼樂園好玩」，也說不出原因。很多人無話可說，某種程度上是因為閱歷貧乏，永遠宅在家裡，接觸的人與事有限。生活範圍如此狹窄，自然少有事情與他人分享。豐富人生經歷，是直接提高說話技能的重要手段。當然，除了個人經歷，知識見聞也不能缺少。

我們受限於生活範圍，很難全部經歷這世界的一切事物。所以儲備一些知識或見聞就能有話可說。就算沒去過太空，也可以因為具備這方面知識，而知道身處太空會發生什麼事，像是缺氧而死、無地心引力等，並藉此說出看法。知識越是豐富，就越能言之有物。平時的談話，大部分都需要這兩方面來幫助自己組織語言。

除了命令（你給我拿杯水來）、事實陳述（今天去逛街，下雨了）和疑問句（你為什麼去那裡）不會直接表明觀點，其他的句子多少都隱含「觀點」。就算只是一句感嘆「我真是大笨蛋」、「你這個小兔崽子」也是表達觀點。不過在有些時空下，某些話題或觀點不重要，所以我們很少會細究話中的觀點，往往是一句起、兩句止。一旦話題接不上，於是便會說完這句話，就沒有下句話的局面。

有意識地調動自己的經歷、知識與所見所聞，藉此佐證自己的話語，就可以繼續深入談話，對方也能完整地了解我們的想法。按照上述即興說話的模式，只要多加練習，形成習慣，表達能力必然會提高一個層次。

最後來動動腦，想一想以下例子的每句一話，分別屬於哪個模式架構？

「媽，你下午有空嗎？有的話，幫我去書店買幾本筆記本回來好嗎？我下午沒時間去，等一下要跟小美去補習班。她已經快到樓下了。有空的話，先幫我買回來吧。」

3 點線面法則讓你心口合一

說話是交流必不可少的技能。但說話是為了什麼？是取得共識、影響他人，還是打發時間？都沒錯。而這些行為的背後只有一個目的，就是輸出你的觀點。人與人的談話，無論出於何種動機，背後都是進行「發表觀點」的運動。也因此，我們把很多有意思的談話，比喻成思想的碰撞。因為思想裝載了我們的某些觀點。

但並非所有談話都很順暢，有時也會出現問題。例如，聊著聊著一時之間不知如何回應；由於不熟某個話題，所以接不了話；心裡明明有些話想說，卻說不出來，簡直是茶壺裡煮餃子——有貨倒不出。這種情況該如何解決？運用「點線面法則」就能改善。

什麼是點線面法則？

一個好的談話，既應該有觀點，也應該有相應的支持，而不會像是缺少水分的水果那樣，乾癟、扁平且毫無營養。例如，你跟朋友說明天想去看《復仇者聯盟》。這個行為的背後就包括一個觀點：你對超級英雄電影感興趣。然後，為了讓朋友認同這個觀點，你需要把觀點延長成一條線，讓它有頭有尾：頭部有一個觀點，尾部又有一個，讓兩個觀點連起來。

為什麼你喜歡超級英雄電影呢？原來是因為你很喜歡鋼鐵人這個角色，所以想看鋼鐵人的出場。兩個觀點於是相連起來。至此，這個表達已經滿足交際需求——換句話說，你給對方的訊息已經足夠。但如果對方還想深入了解你為什麼會喜歡鋼鐵人，接下來，你就要把觀點擴大成「面」（見圖9）。

你可以補充喜歡鋼鐵人的觀點，多給兩個理由，讓直線變成三角形的一邊，也可以給出三個理由，甚至更多，讓直線成為四方形或多邊形的邊。理由是觀點的另一種表達形式。這就是金字塔原理的核心：下一級的理由，解釋了上一級的觀點；而下一級的理由，又成為下下一級的觀點。

於是，透過「點線面」法則，一個完整的表達就可以全部完成。但由於外部情況的多變性，我們在聊天時很難兼顧周全——可能是尷尬得無話可說，或是聊幾句就說不下去，甚至話語卡在喉嚨，說也說得不到位。該如何用「點線面」法則來解決？

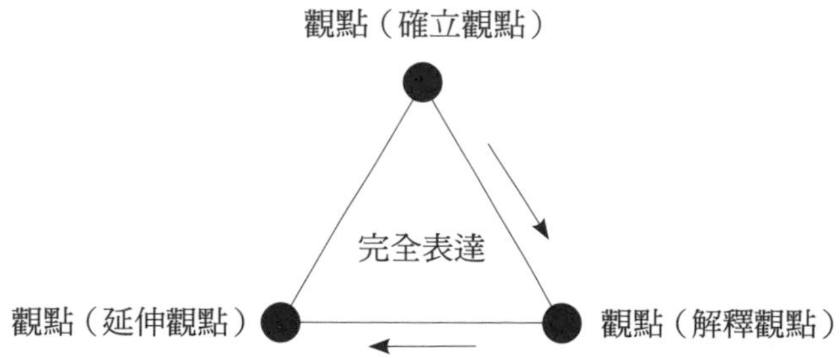

圖9　點線面法則

點：確立談話的觀點

任何談話都是一種觀點的表達。走進一家餐館，服務生問你「請問幾位」，那麼「想知道你們有幾位來吃飯」就是他的觀點，知道了他才能安排座位。朋友問「今天過得怎麼樣」，觀點就是表達關心，想知道你今天做了什麼。

同樣，你在交談時也是表達觀點——如果不知道要說什麼，其實是不知道該要表達什麼樣的觀點。換言之，如果無法確定對方說的話代表什麼觀點，或者當下不知道該以什麼觀點回應，我們就會無話可說。想要回應他人就要確定其中的觀點，無論玩笑或隨口一句話都是如此。例如，朋友突然說「人生就是一場馬拉松」，說完就沒了，你可能會不知道如何回應。

為了有話可說，你需要確定對方的觀點，釐清話題能夠討論的地方。而確定觀點的方式有兩種：

1. 向對方發問獲得觀點。
2. 用自己的思想解讀出屬於你的觀點。

針對這句「人生就是一場馬拉松」，如果不知如何回應，我們可以問朋友為什麼突然這樣說，對方多半會繼續解釋。假如覺得沒必要發問，或者問了卻沒有馬上得到答案，這時可以對這句話給出自己的解讀。

觀點，是一種能被肯定或否定的東西。「人生就是一場馬拉松」也是一種觀點。所以，解讀也有肯定和否定兩種形式。有了肯定或者否定的觀點，你可以透過個人經驗或思想來擅自解讀。這種解讀不只能用於說話，對事情、動作甚至是其他東西，都可以根據思想而有不同解讀。

例如，看見朋友用V字手勢自拍，我們可以肯定或否定這個動作，各自得出不同解讀。想像的肯定方式：你是不是剪刀手上身，打算自己剪頭髮？搞笑的肯定方式：現在流行挖鼻孔用兩隻手指頭嗎？鄙夷的否定方式：都什麼年代了，自拍還比V手勢？討厭的否定方式：你比V字自拍好醜，我想吐！

這是同一件事，經由思想而有不同的解讀結果。你可以根據社交狀況，決定該用何種說法來表達解讀。關係疏遠的話，覺得對方醜也可以暗示：「我覺得，你用其他手勢自拍會更好看。」

至於該如何讓肯定、否定的一個觀點得到延伸？我們要用另一個觀點來表達看法，讓其有頭有尾，變成一條直線——這就是觀點線。

線：觀點間的最短路徑

拋出一個觀點之後，為了讓它更能被理解，我們還會需要另一個觀點解釋它。一般來說，簡單的談話只需要把觀點延伸成直線就夠了。例如「我想吃肯德基」是直線的頭部；而「我好久沒吃烤雞翅了」是直線的尾部。這樣一頭一尾兩個觀點構成了相對清晰的表達。對方可以看出你這樣做的原因。

但與人交流，我們除了表達觀點，別人也同時在表達觀點。正如前述，觀點可以被肯定，也可以被否定。朋友說「我想吃肯德基，我好久沒吃烤雞翅了」，你會肯定還是否定這個觀念？肯定：一起去吧，偶爾吃肯德基也不錯；否定：不要吧，吃肯德基很容易上火。以上都是兩個觀點，形成了一條線。

要先確定對方的觀點，如果無法確立，自然也無法肯定或否定它。一旦腦中無法產生肯定或否定看法，談話就無法繼續進行，我們也就不知如何發表意見。無論肯定或否定都是一種觀點，有了觀點，才可以拋出另一個觀點去解釋，接著成為一條直線，構成完整性。不管遇話題是什麼，只要找到要表達的觀點，然後思考自己是抱持肯定或否定態度，接著拋出另一個觀點解釋，形成一條觀點線，如此便能有話可說（見圖10）。

例如有人取笑你「你這個人真的很蠢」，你對於這個觀點，已經看出對方有嘲弄的思想。如果認同，你當然可以說「是啊，我真的很蠢」，接著再拋出一個觀點去解釋：「我媽也常說我蠢。」應該不會有人這樣說吧！如果不認同，即抱持否定觀點，那就可以說「我如果蠢，那你就是聰明人裡最醜的那一個」，接著拋出另一個觀點解釋：「也不看看自己滿臉油光、蓬頭垢面的樣子。」

對話，就是不斷重複觀點與觀點間的表達和解釋。但要讓談話更豐

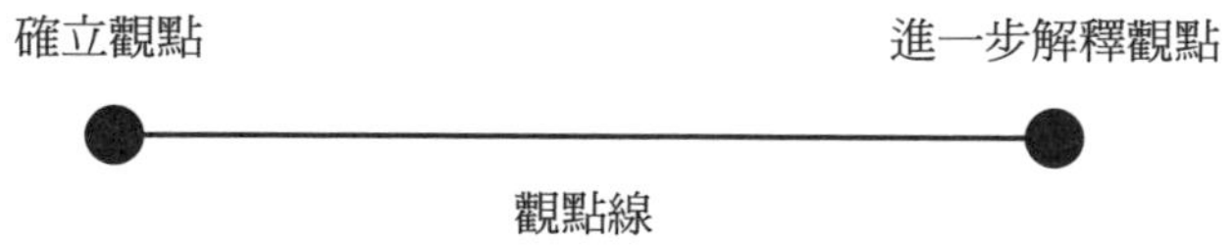

圖10　觀點與觀點線

富，兩點一線的表達仍有不足。為了使觀點線有更好的支持，我們必須將其變成面，給出支持肯定或否定的具體理由。

■面：支持觀點線的理由

面，是支撐觀點的理由；理由，則是客觀事實和主觀感受。觀點加上這兩個要素就不會過於單薄和乾癟。

以「人生是一場馬拉松」為例。先確定其觀點，即馬拉松是一種持久性的長跑運動，考驗體力和耐力，而人生也是一個漫長過程，考驗體力和耐力——兩者在某種程度上類似，可拿來比較。確定觀點後，就可以肯定或否定它。認同觀點的話，可以提出看法：「對啊！人生就是一場馬拉松。」接著再拋出另一個觀點進一步解釋它：「贏在起跑線的人，也不一定是比賽的贏家。」最後給出理由，包括主觀感受加客觀事實：「如果過程沒有好好發揮，最後一樣會被別人超越，所以我們沒必要急於一時。」不認同觀點的話，也一樣能提出看法：「你以為人生是一場馬拉松？別開玩笑了！」（**否定觀點**）；「我認為，人生根本不是馬拉松，而是百米衝刺，起跑時就已經決定結果。」（**拋出另一個觀點解釋為何否定**）；「你看看那些富二代，一出生就贏我們半輩子了。我們無論怎麼努力追趕，付出多少努力，到頭來連他們一個月的零用錢都賺不到。」（**擴展談話面，主觀感受和客觀事實**）。

這樣看來，似乎點、線、面是三種不同概念。其實，這只是表達形式，而非固定順序。這三個詞語的核心，都不脫離表達觀點這一行為。用這個形式就能構成一個完整的表達，無論將內容順序如何調換，都不會影響表達。再以馬拉松這段話為例，如果把每一句話都反過來，按照面、線、點的順序去說，也同樣能構成完整的表達。如：「那些富二代，他們一出生就贏了我們半輩子了。」（**確立觀點**）；「我們無論怎麼努力追趕，付出多少努力，到頭來連他們一個月的零花錢都掙不了。」（**拋出另一個觀點進一步解釋**）；「依我說，人生根本不是馬拉松，而是百米衝刺，一起步就已經決定結果。」（**主觀感受和客觀事實**）。

我們可以看到這段話的中心思想依然沒變。無論如何調換順序，邏輯上還是依照點、線、面的順序。也就是說，要先懂得確立觀點、給予肯定或否定，然後拋出另一個觀點來解釋，讓其變成一條觀點線，最後給出相應的理由，讓線段擴展成一個面。平時刻意運用這個法則來聊天，不管遇到什麼話題都可以發表看法。

4 提高組織能力的複述練習

我們跟別人說話，一般有兩種情況：

1. 根據自己的經歷簡單說出心裡的觀點。

2. 圍繞一個主題，有憑有據地、系統性地闡述自己的觀點。

第一種情況非常簡單，只要把感受說出來就行了。例如別人問「今天過得怎麼樣」，你回答「滿不錯的，去了某某遊樂園玩了一天，那裡的遊樂設施非常刺激好玩」，至此一次簡短交流就完成了。這種形式幾乎沒有難度，因為我們從小到大都有過這種「訓練」，只要不是啞巴，誰都可以做到。

第二種情況就不是每個人都能做到的。而這種形式往往決定了一個人的口才是否厲害。例如別人問你：「關於金錢對愛情的影響，你有什麼看法？」如果用第一種形式回答，很可能是空談，「沒錢也可以談一次平淡的戀愛」、「有錢才配得上幸福」、「錢能讓感情升溫」，諸如此類。這些觀點未必有錯，但別人根本不知道你觀點背後的邏輯理由。

也因此，我們表達完觀點之後，一定要給出相應的理由去證明，也要給出相應的實例去印證。這是闡述思想的完整流程。這其實並不難，但為什麼很多人卻只能在簡單對話中回答，而無法長篇大論地表達思想呢？說短句可以，但要把短句組合成長句，再成為段落就沒有頭緒。很多人之所以口才不好，就是因為說不了「段落」。而這世界有很多需要我們闡述的，往往要用到短句組成的段落來說明。

試想一下，你去面試，面試官問你「你為什麼選擇我們公司」，可以只回答「我覺得你們公司很好」這麼簡單嗎？一定不行。我們需要把觀點組合成段落，打包成一個完整的思想包裹交給別人。當別人拆開包裹之後，就會明白內容，從而領會我們的想法。觀點，只不過是外包裝；核心內容，才是決定這個思想包裹好與壞的重要因素。

綜上所述，說話不僅僅要有觀點，還要有支撐觀點的內容。內容，就是由短句變成長句，長句組成段落。如果能把「組合」流暢地說出來，就是口才能力的證明。

段落敘事的重要性

我們大部分的對話都以短句為主。例如朋友說：「今天天氣很好啊！」你回答：「對啊，陽光燦爛，氣候宜人。」接著朋友問你：「這陣子在做些什麼？」你回答：「在家裡學習而已，什麼事都沒做。」朋友聽你這樣說，又繼續問：「你居然這麼用功，為什麼？」你答道：「因為再過兩天就要考試了，我一刻都不能偷懶啊！」這樣簡單而簡短的對話充斥在日常，通常面對這種一問一答，我們會用短句來表達觀點，因為這已經可以滿足交流，對方也會很清楚你的意思。

我們長久下來，已經習慣了短句的說話形式，導致需要說段落時啞口無言，不知道該如何將短句組合成段落。這其實很正常，畢竟運用段落去交流的時刻少之又少，也少有鍛煉機會。除非必要，否則不會跟別人長篇大論地發表意見。

問題是，什麼是「必要」呢？就是：討論某些事情時；需要說服別人時；向別人做出解釋時；講述自己的想法時。上面這四種情況，時常需要用段落而非短句去闡述觀點。其實在日常交流中，這四種情況也多少會夾雜在簡短對話裡面。

遇到這些情況時，若無法組織言語說出整個段落，表達自然就會比較弱。提高組織段落的能力，就是提高口才的關鍵一步。

複述可以累積框架、訓練語感

第三章提到鍛煉口才的方法，朗讀、背誦和複述是必不可少的。這三步，已經足夠提高語言組織能力了。不過，很多人在鍛煉過程中遇到了一個問題：朗讀的時候很順暢，但只要自己去講述，這一秒說了上一句，下一秒就不知道怎麼說下一句。

為什麼會這樣？其實關鍵就在複述。

複述是透過自己的語言，把文章的大意說出來。我看過一些不錯的段落，而我自認為寫不出或說不出，我這時會將那些段落個別朗讀。讀到看了上一句就能自動說出下一句時，我就會開始複述。複述這一段材料，像是演說般地說出這段話，即可養成自然而然脫口而出的狀態，無形中就累積材料的說話框架。

背誦的好處，就在於能將文章輸入大腦，因此很容易理解其脈絡，知道先後順序，接著我們就能以此作為表達框架，語言組織會變得簡單。而這，就是我們常說的「語感」。

腦中累積了框架，例如吵架、論說、抒情、爭辯的框架，這些素材就會帶給你相應的語感，讓你知道如何組織語言來表達自我。假如不想背誦，在看到材料時下意識去理解框架，也同樣可以提高表達力。

為什麼有人看了很多書，卻還是說不好話？因為他沒有梳理書中的邏輯脈絡，不知道段落之間的表達順序，缺少整體的架構認知。不知道架構的話，看完書，也不會知道該從何說起。看書時，將重點整理出來，接著標記出重點的相關論述，這就會提高你的思維深度。也就是說，這些重點所表達的觀點，背後都有作者的邏輯支撐。你同意的話，就在自己的生活中尋找相關的經驗和事例；你不同意的話，也要思考生活中相關的經驗和事例，以此去印證自己的觀點——這個過程，即透過書的框架來填充、完整自我觀點，讓你的邏輯線更具體，說起話來就能一段一段，而不是簡單的一兩句。

多背誦、多複述，甚至多思考表達觀點的文章段落，將有助於語言的組織能力。

尋找素材與實際練習

首先，找到你喜歡的內容。喜歡辯論，就熟讀這種內容；喜歡抒情，就多讀一讀抒情文。累積了夠多素材，經常咀嚼消化，你就可以累積其說話框架。這些材料。其實社群網路的文章有不少，不妨找找你喜歡的，然後記下來，朗讀之後複述，直到自己能脫口而出。

要不斷複述這一些材料。

有些話我朗讀得很流暢，但在複述時卻有些地方說得磕磕絆絆，有時是發音的問題，有時是要思考下一句。也就是說，原因在於對材料不夠熟悉。例如「唯一的一道鴻溝就是它現在還沒有自我意識」這句話，其中「一道鴻溝」這組詞語我說得不是很流暢，於是我將這句話重複大聲朗讀幾十遍，再結合整段材料再說幾遍，最後就能一氣呵成，將整段複述出來。

當你能夠複述，這時要像面對眾人演講那樣，對著鏡子裡的自己講述這一段話。你的表情、語調、句與句之間的停頓，還有說話時的情感都要融入。如果覺得很困難，不妨先臨摹一些有具體人物的言談。可以參考綜藝節目的人物，留意他們說話時的表情和姿態，把這些特質融入你自己的說話。養成習慣之後，自然能輕易表達自我。用現成的材料去提高語言組織能力，這種方式是最有效的，久而久之還可以強化自信心。

5 閱讀：將知識轉化為觀點

現代全世界每一天產生的資訊量，相當於牛頓那個時代的人一輩子接收到的。今日資訊爆炸的時代，我們分分秒秒接收到的資訊量龐大且複雜，但並不是每一條有必要性。也就是說，我們浪費了許多時間在有意無意接收這些資訊。

閱讀當然不該太功利主義，採取自己舒適的方式。但如果你需要目的性地閱讀呢？讀完之後，可以得出有幫助的思考嗎？我們問問自己：是否感覺自己深度思考的能力正在慢慢退化？

做一個小測試。馬上針下列題目發表看法，看看自己能說出多少？題目：碎片化學習，如何剝奪你深度思考的能力？碎片化學習，如何解決你對知識的焦慮感？

請針對這兩個題目發表一千字以上的看法。一題是否定性質，要論證碎片化學習的壞處；一題是肯定性質，要論證碎片化學習的好處。如果無法從正反兩面去論證，且無話可說，那你可能就缺乏深度思考的能力。

不要以為引經據典，就代表有深度思考能力，這只證明你懂得深入討論的方法。但真正的深度思考，是結合自己看過的書、聽過的話、走過的路，自行消化整合的看法。你會有這些看法也會有自己的理由，並且知道如何找到相關例證；同時也會知道這些看法的局限和適用範圍，不會固執己見，認為自己完全正確，不可非議——這就是批判性思維。你知道自己的某個看法，在哪些情況下更能驗證，又在哪些情況下無法應用，而不是全盤接受，未經思考就往腦袋裡裝。這樣的人可以思考出某些觀點的優勢與劣勢、有理與無理之處。

例如，前文提到鍛煉口才一定要有朗讀，你就想一想這個環節到底有何優勢與劣勢？在宿舍或在人多的環境下，大聲朗讀會影響他人。既然這樣行不通，又如何執行得更好？如果思考出局限性與缺點，自然也會想出時間與空間的安排，並用更好的形式去替換。

這就是深度思考能力——任何觀點都經過咀嚼，並得出自己的看法。

不過，我們每一天都接收大量有用或沒用的資訊，意見領袖大多直接灌輸他們的觀點，過程往往簡單粗暴。我們的大腦被作者的流暢行文與通順表達吸引，於是潛移默化地接受了他們的觀點。我們的感知系統被勾起，於是接受觀點，而再也沒必要動腦思考。最後只剩下「說得好」、「就是這樣」、「太有道理」等片面的感覺，至於得出這些感覺背後的邏輯推論，卻被置之不理。

看了許多文章似乎學了不少，但想想什麼都沒掌握到。這種錯覺的原因即在於此。我們大概只會記得認同文章留給我們的感覺，至於為什麼認同，其中道理的好壞，卻說不出所以然。有些精華文章（包括我自己寫的）會告訴你步驟，但有些不會告訴你，你自己能夠想出來嗎？你可能很少思考過這個問題。

如果不用自己的腦袋思考這些接收的訊息，轉化為看法，那無論每天有多努力去看推文、去學習文章的知識，去處理自己無知的焦慮感，最後你依然不會養成深度思考的能力。更遑論以此為基礎的表達能力了。

閱讀的目的不在於看完

假如瀏覽網路文章，只是為了轉換心情、了解新鮮事，沒必要做什麼深度思考，那麼看書呢？既然「短、平、快」的網路文章會剝奪深度思考能力，那麼閱讀總能彌補缺陷吧！

閱讀的好處就在於讓我們得到更具邏輯系統的知識。網路文章每一篇都圍繞著一個觀點，就算看許多篇，也難形成一個整合體系，於是看得很多卻學得很少。

看書之所以回報率較高，是因為每次閱讀都是一種記憶喚醒，喚醒你之前看過的內容。網路文章是缺少這種優勢。看到喜歡的文章我們不太可能看第二次。而書籍篇幅大，看完很費事，每一次閱讀都能讓你記起前面的內容，讓我們看完一本書多少都有所獲。

然而，這對於提高深度思考的表達能力仍遠遠不夠。因為閱讀不是結果——將閱讀到的內容透過思考輸出看法，這才是結果。現在很多人喜歡喊著一年讀了多少書，好像不讀個兩百本就對不起自己似的。問題在於，讀過的書有多少留在腦子裡，形成自己的思想？我們很容易錯把「擁有」書籍，當成已經「學會」書籍。

看書「有效果」的明顯特徵，就是在闔上書本之後，隨便挑選書中的觀點，你都能侃侃而談。你能使用書中的例子印證自己的看法，也能透過生活經驗去說明觀點。如果無法把書中知識轉化為自己的看法，就不會明顯提升表達能力。也因此，看多少書並不是目標，看書的方法才是。那到底要怎麼看，才能鍛煉深度思考，從而提高表達能力呢？

消化知識的三個問題

想要培養深度思考力，不管是閱讀哪些內容，包括網路文章、大部頭的書籍，我們都必須有一種審視的態度，把自己當成「審稿人」。

首先，要會識別書中的內容是「事情」還是「思想」。事情，可以是事實、故事，也可以是案例、實驗等；而思想，就是觀點、結論、看法、評價等。舉個簡單的例子，「小明今天去了小華家，回來之後心情很不好，覺得人生沒意思」。這個例子中，前段是發生的事，後段是表達的思想。但我們看到這句話依然不明所以，因為缺少了接上兩者的邏輯結構。

在一般狀況下，只要問個為什麼，對方就會說出具體原因，但我們在閱讀時多半需要自己去尋找邏輯關係。有些文章只是描寫事情而沒有輸出觀點，這時你要去發掘其中思想。比如課本裡的魯迅作品就屬於這一類，透過講述故事來映射某些現象，從而引出中心思想；有些文章則只有講述觀點，沒有案例說明，這時我們要思考，自己周遭到底有沒有能印證該觀點的事實。

找出了事情與思想之後，要讓兩者建立邏輯關係，這時不妨問自己三個問題：

1. 這兩者的論證，是否合理？
2. 我能否找到文章以外的例證？
3. 這個觀點是否具有普遍性？

例如，鍛煉口才對生活有很大的幫助——這是一個觀點，也是結論。但直接接受無益於深度思考。這時，你就要把漏掉的「事情」補充回來，思考在現實生活中是否有具體實例能證明該觀點。「小丁以前是個笨嘴的男生，後來參加了演講訓練班。一年之後，他被推薦為辯論社的辯手，代表學校參加比賽，還贏得第一名。現在他是行銷經理，年薪上百萬台幣，經常跟老闆談生意，生活過得如意，口才真的幫了他很多。所以口才好，真的可以幫助我們生活得更好。」有了這種具體實例，就要思考小丁生活變好有多少是因為口才？即結論與事情的邏輯關係是否合理。

為了印證這個結論的合理性，我們可以從書中找案例、做實驗調查，甚至直接問當事人。假如小丁回答「口才真的幫了我很多」，那就表示「口才好真的會讓生活變得更好」的觀點確實在小丁身上合理存在。

這個觀點有普遍性嗎？普遍性，就是普遍合理。這層問題可以讓你思考觀點的正反面。一個觀點不可能普世皆然，一定會有例外。如果一個觀點具備普遍性，那可以從另一方面說明相反觀點有多少普遍性。

例如你在許多歷史人物的經驗以及名人的看法，都發現「好口才對生活有幫助」的普遍現象，那就證明鍛煉口才會讓生活變好。反之，「口才不好生活就不會變好」的觀點也一定有例證。否則你的結論很容易被別人拿個案來反駁，說有人口才不好一樣可以成功。普遍性能證明觀點的可行程度高，而個案則證明觀點可行程度低。

總而言之，要提高深度思考力就要想到這個方面。這一連串思考是累積見解的過程。一本書通常會有一個大觀點，為了說明這個大觀點，還會有很多小觀點來輔助證明。在遇到小觀點，如果你都用這種模式去咀嚼，那麼在思考完成之後自然會有話可說，能對一些事物發表看法——不管看法正確與否，你至少都舉得出相應例證，而不是在說空話。

三種進階閱讀練習

閱讀時保持審視性的思考，需要我們主動出擊。主動思考才能夠咀嚼觀點、消化觀點，最後講述觀點。如何運用習得的觀點來強化表達力？有了以下這三種能力，表達力必然會比以往更有深度，言談自然也會更有內容。

1. 主動複述

既然書本內容大多由「事情」和「思想」組成，所以把事情記下來就能累積案例；而思考觀點就能形成自己的看法。想混用這兩點作為表達的武器，複述就是最好的方法。

看完一篇文章之後，找出「事情」和「思想」，運用前文的方法思考一番，再用自己的語言圍繞這個觀點複述出來。由於複述像是在講故事，複述觀點則像是在表達自己的意見，所以多練習自然可以提高表達力。

2. 自我反駁

正如前文所寫，一個觀點必然有正反兩面的例證。當你按照書中論述，複述出其觀點，這時就要反向去辯駁該觀點。你採取的相反觀點，必須是經過思考得出的答案。既然書中認為「鍛煉口才能讓生活變好」，你就要思考「不鍛煉口才，生活也可以變好」並尋找相應的例證。經常做自我反駁的練習，思維會越來越清晰，語言表達力也會越來越強。

3. 思考關聯邏輯

很多知識其實是相通的，只是表達的側重點不同，從而導致名稱不同而已。例如經濟學的「滾雪球效應」和哲學上的「滑坡謬論」，在表達上都是從上往下的一種姿態，只是前者用來描述「錢滾錢」的資源累積，後者用來形容人們對於一些想法過度嚴重化的傾向。

要知道某些觀點可以發散應用到哪些地方、方面，就要懂得在A知識和B知識建立相連的邏輯關係，懂得去類比知識。這樣能鍛煉聯想力。當有人拋出一個話題，你就算沒有相關知識也仍然可以聯想、類比出一個看似有道理的答案。

例如：你對當前中國的經濟形勢有什麼看法？「像是愛情那樣。誰都渴望找到廝守終生的愛人，起初的激情即使歸於平淡，也依然不離不棄。可惜現實永遠不那麼完美。當愛情歸於平淡之後，問題就來了。中國經濟帶給我感受也是如此」。這就是透過聯想邏輯得來的表達力——只講述了「事情」，至於事情帶出了何種觀點，自己知道就好。

6 這樣閱讀，才能言之有物

讀書能夠提升說話能力。我相信許多讀者都有聽說這一點，自己卻從未試驗。我們雖然不用像主持人那般口齒伶俐，但如果詞不達意、吞吞吐吐，其他人就無法理解，從而導致溝通不順利。

與人交流，某種程度上是建立一種信賴關係。我們藉由這種關係，與別人交流資訊。而建立關係的過程，最簡單的就是由閒聊開始，然後進一步加深人際關係，最終讓對方信任。第一步的閒談，往往有決定性的作用。關鍵在於抓住重點，能夠通俗易懂、清晰流暢地解釋或說明。說得誇張點，發言能力有時確實能決定每天的際遇。該如何培養？

答案是閱讀。讀書的作用在於讓文章的結構進入大腦，提高發言時的建構能力。隨著你讀的書越來越多，知識與詞彙也更加豐富，提升發言能力。

我在前文說過，將學習內容轉化成談話材料並講給其他人聽，以此為目的來讀書，就能有效鍛煉說話能力。「講給別人聽」並不是真的找個人去講課，而是在看書時，下意識以一種將來會講給別人聽的精神來學習內容。例如我在報紙上看到有趣的東西，都會自言自語地朗讀，試著複述出來，就像是在給人講課那樣，這樣我對內容的記憶會更深刻。

我們與人閒聊的大部分內容，都來自自身經歷與知識。如果你的經歷少，知識又貧乏，基本上很難開啟閒聊模式。讀書是在累積閒談的內容。別小看閒談，任何情感聯繫實際上都始於此，這是人與人交往的重要溝通手段。根據日本作家齋藤孝的歸納，閒談有以下特點：

1. 閒聊表面上沒有任何意義，但其背後有積極作用。
2. 閒聊由「寒暄＋相關的內容」組成，一般無固定主題。
3. 閒聊不需要結論，一般不是為了解決問題。
4. 閒聊隨時都能結束。
5. 透過練習，任何人都能開啟閒聊模式。

這樣看來，閒聊其實很容易——只要有足夠的談資。而談資自然是從讀書得來。你可能在堅持讀了五十本書之後，發現自己的思想和表達都跟以往不同了。這種改變是潛移默化的，只要堅持不懈就會讓你慢慢獲益。

當然，讀書要講究方法。關於一般學習的讀書法，市面上已經有不少指導書籍，在此不再贅述。我在這裡談的是提高說話能力的讀書法。我將流程分為三步，就是：讀—思—用。

讀，念出聲音

讀書有很多形式，其中的「慢讀」是取其精髓的好方式。慢讀可以鍛煉耐性和韌性。我相信草率馬虎、粗心大意的讀書法並不會讓人進步。在慢讀當中，最重要的一種方法是朗讀。朗讀是鍛煉口才的方式，我已經多次提到，這能加深對內容的理解、加強記憶，甚至還能提高寫作水準與口才。很多人都不知道如何朗讀才算有效。我在此提供一個流程。

第一步：在朗讀前把朗讀的材料梳理清楚，如果不了解字形、字義和字音，讀起來就會斷斷續續、磕磕絆絆。

第二步：準備了一段時間，你對內容有了一定的把握，這時就可以流暢地朗讀、純熟地流利背誦，正所謂「熟讀成誦」。在最快語速下清晰讀出文章，藉此鍛煉口腔肌肉，讓說話自然又輕鬆。

第三步：根據文章的體裁和思想感情，用相應的語氣來讀。訴說失戀的文字，你要讀出傷感；慷慨激昂的演講稿，你要讀出大氣磅礴，這樣你就能提高語音語調。

第四步：脫稿做到上述三步。不看稿子做到上面三步，這時大腦會形成一種語感，久而久之，便會成為口才的一部分。

我剛開始讀英文句子時，連單詞都念不好，更別提說得流利。我用了上述方法練習，最後把整句話變成我腦子裡的東西，於是能隨口輕鬆說出來。這就是堅持朗讀帶來改變。

思，學習的SQ3R

學而不思則罔。為了把學習內容變成大腦的一部分，必須經過深度思考，知識才能牢牢烙印在腦中。朗讀很容易讓我們養成死記硬背的思維惰性，如果不主動調整，最終就只是照本宣科。而說話一定要靈活、充滿創意和想像力，思考因此特別重要。

在讀書中，**思考是理解力的發揮，也是歸納能力的運用——即把書從厚讀到薄、再從薄讀到厚的過程**。閱讀時反覆思考一些重點知識，得出自己的體會和想法，解決內心的「疑難雜症」，這就是把書讀厚。除了書中知識，我們由此產生了書中沒有的心得，這是對材料不斷進行理解加工的過程，使腦中的東西越來越豐厚，這時說的話就是自己的思想表達，而不是照著書本發言。帶著思考去讀書，就能培養出對世界的觀點。

把書從厚讀到薄，即把握書中要點、掌握核心問題的過程。將厚厚的一本書讀懂、理解了，懂得抓住重點和中心思想，就能用三言兩語歸納出整本書的核心價值，代表讀得透徹。這意味著，一定要把不懂不理解的地方抽絲剝繭，任何問題都不能輕易跳過，要主動找答案，藉此訓練語言組織與思考的能力。

市面上教人閱讀的書籍多如牛毛，但大多數都無法脫離「SQ3R讀書法」的框架，頂多是對其中細節運作上做一些補充而已。SQ3R讀書法到底是什麼？這個方法是由美國心理學家羅賓遜（F. P. Robinson）在《有效學習》（*Effective Study*）一書中提出的。具體描述，是瀏覽（Survey）、提問（Question）、閱讀（Read）、背誦（Recite）、回顧（Review）的開頭字母縮寫。這個方法將閱讀分為五步。

1. 預先瀏覽閱讀素材的整體架構，包括目錄、章節安排，看看有哪些有用，哪些需要深度學習等。先有基礎認識，並產生一些想法，得以讓你有目的地組織資訊、獲取相關資訊。
2. 學習前，先對某些標題或內容提問。例如，我說讀書應該按照SQ3R方法。看到這裡，你就該提問：什麼是SQ3R讀書法？誰提出的？有了這個提問，你就可以帶著思考在閱讀中尋找答案。
3. 接下來是閱讀。研究證明，閱讀時在書本空白處寫下感想、筆記，完成後將重點畫線處摘抄，添加自己的意見，形成讀書筆記——這種方式比單純瀏覽或只畫重點更有效。換句話說，一定要對看到的資訊進行自己的加工，才能把知識轉化為自己的思想。
4. 當你找出需要學習的資訊，最好透過大聲背誦的複述形式來表達，這是另一種深度加工資訊的好方法。因為複述式的背誦，會迫使你用自己的語言重組資訊，過程會用到聽覺記憶和邏輯思維。這個方法的好處，你在將知識傳授他人時就會體會到了。

5. 最後，你完成了上述四個步驟，接下來休息一段時間。休息完畢後，把學到的東西在腦中回顧一遍，進行複習；休息一下，隔一段時間後再複習一遍，等待大腦將它從短期記憶變成長期記憶，這時就可以完全掌握了。SQ3R讀書法可以讓學習更有效，也更牢固。

用，問答推演

最後是「用」。把所學內容和知識運用到生活。

正如本章開頭所寫，我們可以將書本轉化為談資，用於閒聊。當談資越來越多，就越容易應對他人的話題，閒談也就輕鬆自如。

複述為什麼是很好的應用？因為這是對材料進一步思考、消化。在讀懂的狀況下，用自己的語言準確表達其實並不難。如果覺得難，那是因為尚未完全理解。

換句話說，如果能把所學透過自己的語言複述、講解別人聽，那你的表達能力就有一定的基礎。就算別人沒有興趣，你也可以複述給自己聽，畢竟你可以找到不好或可以更好的地方。每次看完書，試著多問自己一些問題，看看能不能回答。經過一問一答的訓練，久而久之就能提高說話力。

上述方法，讀者可以按照自己的興趣來練習。無論是什麼書籍、報紙或雜誌，只要有興趣都能用來練習。堅持一段時間之後，閒談能力會成為優勢，最後口才會往前一大步。你想不想試一下呢？

7 切入點：說得具體、好懂的支點

表達能力，對所有人的重要性不言而喻。缺乏的話不但會影響日常生活中的人際，甚至會影響工作方面的傾談和效率。

表達能力是什麼？就是把自己的所思所想，透過語言文字等方式，清晰準確地傳遞給他人，使對方順利理解。從這個定義能看出，其能力好壞的差別主要有三方面：對表達的內容是否思考清晰？能否清晰準確地傳遞思考？這些內容能否讓他人輕鬆理解？

好的表達就是把自己想說的說出來，讓別人聽懂，彼此心領神會。想提高表達力，就要打好這三個方面的基礎，藉此全面提升。

想清楚，才能說得出

很多人之所以會「詞窮」，就是因為連要說什麼都不知道。暫且撇除內向靦腆等不敢開口的外在因素，一般來說，無話可說是出於以下原因：

1. 對話題不熟悉，沒有研究。
2. 找不到表達內容的切入點。
3. 懶得思考、組織語言去表達。

第一個原因正常不過。例如，你知道心臟移植手術有什麼風險嗎？死亡率多高？你不知道？那就對了，我也不知道，畢竟這不是我們的專業領域。術業有專攻，每個人各有所長，你不可能熟悉每個話題。

身處這種情況，就不要勉強自己說話，把話語權交給專業人士，安靜地坐在旁邊聽。當然，如果你對於討論的話題有過親身經歷，還閱讀過相關的資料，你可以拋出疑問，發表一下自己的想法。這說明了，閱讀和經歷是有話說的必要條件，但人的精力有限，不可能樣樣精通、樣樣能說。經營自己的專業，再廣泛涉足其他領域，就能藉此豐富談資。

第二個原因，就是雖然已經有相關知識，卻還是不知道要說什麼——這表示找不到表達的「切入點」。

什麼是切入點？即表達的主題和方向。它好比交流道，一旦在眾多道路中找到國道的入口，就能讓你一路向北。例如，我累積不少演講口才的知識和經驗，但我有時要發新文章，但絞盡腦汁也想不出新題材。這就是找不到切入點的狀況。

只要找到切入點（即所謂的有靈感），也有主題，我接下來就能順著主題一直說下去。如何找到切入點？必須根據表達的主題，從不同方向找到合適的點。有些主題除了有正反兩個方向，還有不同的側面可以講述。我的文章主題都是提高口才，但採用不同論述方向，像是鍛煉、幽默聊天、和諧溝通的方法。找到適合主題的點，接下來才能組織語言來表達。

生活也是如此，我們發表意見，一定要根據話題找到切入點。當然，找到切入點之後卻懶得思考、組織語言去表達，那也無法開口說話，這是第三個詞窮的原因。千萬別讓思維產生惰性，尤其在說話上。

提高表達準確性的模組

清晰準確地表達自己的所思所想，必須經過一系列組織語言的過程。開口前，要先知道說什麼，又如何進行，用一條邏輯線指引你條理分明。

被問路是最考驗表達力的時候。想一想，這時你會如何組織語言把答案清楚告訴對方？你一定知道如何去那個地方，不但知道整條路線，還記得路上有什麼建築物。但這些別人一無所知。

這時根據第一條準則，找到切入點，然後開始組織語言。假如切入點是方位和距離，可以說：「從這裡一直往前走三百公尺，然後左轉，再繼續走五百公尺，你會看到一個十字路口，右轉一直走就到了。」如果你覺得這個切入點不好，那可以以路旁的建築物為指引，如：「從這條路一直往前走，會看到郵政大廈，從郵政大廈的路口左轉繼續走一段，會到一個十字路口，十字路口的右手邊有一座電信大樓，朝那裡一直走就到了。」

所謂清晰表達，就是說話要有一個具體化的形式。好，到底有多好？快，到底有多快？大，到底有多大？你說新建的商場很大，別人不會知道到底有多大。但你具體一點，說幾乎有五個標準足球場那麼大，從南門走到北門，要超過十分鐘，那對方就會很清楚。

具體化的意思，就在解釋中給出更多容易理解的細節。在解釋中給出更多有用細節，是組織語言表達的重要體現。這一切都要根據主題、圍繞主題來篩選重要資訊，並去除無用資訊。與主題無關的就盡量刪除，只說重點。

有了這個意識，接下來要準確地表達。

準確的意思，是你所想的跟表達的意思沒有太大差距。很多人想的是一回事，說的卻是另一回事，這就代表無法準確表達。我們需要根據表達需求，選取適合的表達模組來組織語言。

表達模組是什麼？我們在一般狀況下的表達模組不外乎三種：

1. 觀點模組

觀點，是思想的載體。你的經歷和學識會形成對這世界的看法。每個人都自有看待事情的角度，於是形成各自觀點。觀點的背後是主觀感受和客觀事實的總結。

例如：「你相信緣分嗎？我以前不相信，現在相信了。有時候從沒想過的事情發生在自己身上，會改變你所有的認知。今天我要不是遇到了她，我都不知道，原來這個世界居然有緣分這回事。」

2. 故事模組

根據時間、空間、人物，用順序、倒敘和插敘等形式來敘述。只要有過親身經歷就能說得出來。故事模組一般是對事件的講述或描述，很少夾雜觀點，但通常背後會隱含著某些觀點。

例如：「今天去遊樂園，我遇到了一個女生。我們因為一次意外碰撞而跟對方扯上關係。聊了簡單幾句之後，我發現我們的個性、思想都很合拍。無形中，我對這個女生有了好感。為了進一步了解對方，我拿到了她的聯繫方式，說要請她吃飯，她也開心地答應了。我們的故事就這樣開始了。」

3. 邏輯模組

根據前因後果，用邏輯分析找出背後的現象。通常都有「因為……所以……」、「如果……就……」、「由於……因此……」等連接詞，而且每次推理不只用一種組合。邏輯模組著重在分析，用既定事實推斷出一個合理的結論。這也是發表、解釋、印證觀點的過程。

例如：「為什麼這個女生願意讓我請她吃飯呢？難道她是騙子嗎？我想不是。聊天過程中，她一直給我一種害羞卻裝作大方的感覺，偶爾還顯露出一種清純的尷尬。她身上的緊張，是那種涉世未深的可愛，而沒有偽裝出來的刻意感。騙子一定不可能這樣。她願意跟我吃飯，只能說，是被我的魅力吸引了。」

最好的表達當然涵蓋了這三種模組。但除了演講，一般狀況下很難一氣根據這三種模組長篇大論，大部分都是散落在聊天裡。例如：

朋友：「看你笑得這麼陶醉，是不是有什麼好事啦？」你：「你相信緣分嗎？」朋友：「為什麼這樣問？」你：「我以前不相信，現在相信了。有時候從沒想過的事情發生在自己身上，會改變你所有的認知。今天我要不是遇到了她，我都不知道，原來這個世界居然有緣分這回事。」

朋友接著問：「遇到女生？發生了什麼？」你：「今天去遊樂園，我遇到了一個女生……（略）我們的故事就這樣開始了。」

朋友：「見鬼了！沒想到這種好運都給你碰上了！但她不會是騙子吧！第一次見面，說要請她吃飯就立刻答應？」你：「你怎麼這樣說？我覺得不是。因為在聊天過程中，她一直給我一種害羞，卻裝作表現大方的感覺……（對照上文省略）她願意跟我吃飯，只能說，是被我的魅力吸引了。」

無論是表達或傾聽，都要思考談話所使用的模組。如果對方只用觀點模組，那你要像前文的「朋友」那樣，拋出問題，問對方如何得出這些觀點，要他舉出具體例子、給出細節；如果對方講故事，這時你要歸納故事到底表達了什麼觀點，就算你不知道，也可以問對方故事背後的意義；當然，你還要看看這個意義是透過何種邏輯分析得出的。你認同，還是不認同？你可以接著分享自己的邏輯分析，向對方具體說明。最後根據分析結果，給出你的建議，也就是觀點。

當然不必時時刻刻都這樣繁瑣，但當你需要表達思想、想了解對方表達的思想時，這是一種很好的方式。經常對照這些模組來練習說話，表達能力自然會漸漸提升。

修潤讓語句更上層樓

如何表達才能讓聽眾真正理解？上面這些技巧，都必須透過語言的修潤和調整，才能正式從嘴巴說出來。我們還要根據對象的接受程度，選取恰當的用詞，再加上相應的情感，讓表達更容易被接受。一般來說，我們對表達的修潤主要有在三個方面：

1. 語句的選擇
2. 語句的補充
3. 語句的修飾

選擇哪些語句進行表達，需要結合對方的身分、教育程度與場合。對誰可以輕鬆一點，對誰又要正式一點，這是最基本的常識，也是情商的體現。在找到切入點之後，就要根據對象的身分、客觀環境、親密程度，以及交談的長短來選擇表達句式。

而語句的補充，是在說完之後，你意識到自己的話還不夠具體完整，這時要補充相關資料，進一步說明觀點。這就是為什麼通常說出一個籠統的觀點之後，要再給出一些具體細節、例子讓別人更好懂。這能使話語變得清晰可辨，而不是模棱兩可、不知所云。

最後是語句的修飾。一開始表達的效果不明顯，這時要利用修辭法及時修飾表達，藉此放大表達效果。例如，你告訴別人這輛新款法拉利很快，時速從零到一百公里只需三點五秒。這樣的表達已經很具體了，但如果要加大效果，就可以使用修辭法。如：

誇飾：你坐在車上，加速時的推背感會強到讓你有種被壓裂的感覺，太快了。

對比：等紅綠燈的時候，我跟這輛跑車一起起步，綠燈才亮，我才剛推擋踩油門，對方的尾燈已經看不見了。

比喻：這輛跑車快到我像是坐在火箭上一樣，完全沒體驗過這種加速感。

上述修潤手法並沒有順序之分，可以單獨使用，也可以綜合使用。例如，進行語句的補充時，你可以給出資料來說明，也可以給出經驗來驗證，而這些說明和例證可能會用到修辭法，而哪一種修辭法更有助於聽眾理解，就要恰當選擇語句。

這一切都根據表達的需要而調整。不過，如果刻意鍛煉自己，並在生活中運用自如，表達力必然會更上一層樓。閒聊時會閒聊，表達時也知道如何表達，這種能力才全面而有用。

第六章

尬聊退散！
贏得好感聊天術

前面的章節提供了自主訓練的方法，但大部分的說話都有「對象」，有來有往的聊天則是基本。面對不同的對象與場合，我們如何建立良好氛圍，又如何輕鬆化解衝突？

1 開口三部曲：提問、搭話、講述

很多人不知道如何聊好，所以害怕聊天。其實這沒有那麼困難，只需要學會以下三個技巧，就能開啟話題，掌控與他人的談話了。

提問，問對問題

提問很重要。有時與別人交談，對象不一定是我們完全熟悉的人；即便是朋友，倘若久未聯繫，他們也會經歷許多我們不知道的新鮮事。透過提問可以了解對方的近況和資訊。

如果覺得跟人在一起無話可說，那你是否主動去了解對方？只需要問問題就好，此外這也是對付冷場的一種好辦法。拋出一些跟對方有關的問題，讓他不斷回答，這樣氣氛自然會和諧融洽，冷場的機會也就隨之減少。

要注意的是，提問不是隨便出幾個問題就了事，也需要一定的技巧，即因應實際情況來選取恰當的提問方式。提問方式有兩種，一種是封閉式問題，一種是開放式問題。

所有非A即B的問題，就是封閉式問題，大多只有兩個回答可以選擇。例如：你喜歡我嗎？你愛看電影嗎？你認為這對嗎？你覺得這樣做好不好？甚至你家住在哪裡、你做什麼工作都屬於封閉式問題。若不是A就是B，回答完就沒有其他內容了，非常封閉。這種提問對於延長話題或打破冷場的效果有限。問多了還會使對方不耐煩，畢竟會像是在審問犯人。千萬不要這樣做！

開放式問題，能讓對方多談一下自己，而不至於一下子就沒話說。凡是需要說明與解釋的，都屬於開放式問題。例如：你怎麼看這件事？你平常怎麼穿搭的？這個遊戲哪裡好玩？

「為什麼」本身就是一個開放式問題。你喜歡看電影嗎？喜歡！為什麼呢？這等於是要求對方說明或解釋。不過，這三個字還是盡量別單獨使用，換成「你為什麼覺得這部電影好看」會更好。如果每一次對話都要回答為什麼，也很容易令人厭煩。這一點要注意。

封閉式問題，是為了了解對方價值觀傾向；而開放式問題，就是為了了解對方的價值觀傾向從何而來。交替使用這兩種提問方式，你才能深入理解對方的為人想法，對話也才不至於枯燥無聊。

搭話，接續話題

有了提問這個基礎，接下來就需要用到「搭話」技巧了。聊天是一種雙向互動的過程，是有來有往，不能只是單方面進攻防守。既然你提問，而別人回答了你，那麼你就要分享自己的資訊作為交換。

分享不一定是別人主動問，也可以是主動提供。換句話說，你對於話題一定要給出看法或意見，不能一直當個發問者，否則很令人厭煩。適時當個分享者，才是正確的交流方式。

所謂搭話，即適時說出自己的看法或故事，來延長對話時間，讓交流更融洽。當然，談論自己時不能炫耀、賣弄，而要用一種平和的姿態述說。例如看電影為例，當對方回答了你的封閉式問題說喜歡，這時你可以問另一個開放式問題：「你喜歡什麼樣的電影？」對方回答完，你最好趁著空檔說出自己的感受。如果你也喜歡同樣類型，就可以附和。別一開始就說自己看了許多電影，很厲害，大談特談。如果你喜歡其他類型，也可以順帶說出來。總之，都是圍繞著同一個話題討論著。

搭話代表你在跟別人分享自己的想法。要注意的是，如果是別人找你聊天，你的搭話只需談論自己就夠了，沒興趣的話甚至可以愛理不理；但如果是你主動找別人聊天，那麼你用搭話分享想法之後，要將話題再引到對方身上，因為對方未必對你說的感興趣。什麼情況要這樣做？當你面對心儀對象、或想多了解對方時，只要不過度追問利益或隱私話題，多一點談論別人感興趣的，每個人都會樂意談論自己。

搭話有兩個作用。一是透過談論自己，減少不斷提問帶來的煩躁，不讓交流陷入冷場；二是適當談談自己，能讓對方稍微認識你。讓別人一直談自己的事，他多少會起戒心，你偶爾說一下自己，別人看到你樂意分享，自然會少一些防備。也因此，結合前面的提問方式，再適當地運用搭話來談談自己，以此建立互信，接著再將話題引到對方身上，讓對方多談——這種方式可以與對方建立更好的關係，而且聊天也會順暢。

當然，提問與搭話技巧都不能生搬硬套，用詞、語法等方面一定要根據實際情況靈活變通。

舉個例子：

A：咦？看你手上一直捧著這本書，你是不是很喜歡看書呢？（封閉性問題）

B：還好啦！還好！

A：你這本書是屬於哲學範疇，看來你對哲學應該很有興趣啊！（第二個封閉性問題，不再用「是不是」，免得重複引起煩躁）

B：一般啦！只是隨便看看。（對方這時還比較拘謹）

A：那你平時主要喜歡看什麼類型的書？（開放性問題）

B：其實也沒什麼特別喜歡看的，覺得不錯就買來看了。

A：那至少也是喜歡看書啊！不像我，一年都看不了幾本，時間不是浪費在手機就是電視，整個人都變得沒什麼深度了。很羨慕你們這些經常看書的人。我猜你以前讀書的成績一定很好！（談論自己，然後將話題引到對方身上）

B：也沒有特別好啦，只是從小養成了喜歡看書的習慣，一天不看的話，就會覺得渾身不舒服。

A：都已經養成習慣了！我現在唯一養成的習慣，就是一拿起書本就打哈欠，唉！問題是，你目前的工作能讓你有這麼多時間看書嗎？（談論自己，然後提出一個封閉式問題）

B：有啊！下班之後或放假就有時間看啦！

A：老闆不會叫你們加班啊？（封閉式問題，用反問形式）

B：我是做某某行業的，一般很少加班。

A：原來如此。我這個做某某行業的就不行了，幾乎每天加班，忙到連上廁所都沒時間。要不是看在薪水分上，我才不會如此拼命。真羨慕你！（談自己）

B：生活嘛，肯定不容易啦！（回應你的話，進入溝通狀態）

接下來，我相信很容易繼續融洽地聊下去了。對話流程的基本架構就是這樣，至於如何臨機應變、如何幽默或熱情搭話，這就因人而異了。

講述，感染情緒

透過搭話來談論自己，需要具備一定的講述能力。許多人都納悶，說話令人覺得動聽或厭煩的差別到底在哪裡？就在於講述能力的體現。

溝通交流不可能一直使用「提問—搭話—提問—搭話」模式，而講述，就是以搭話為基礎做進一步擴充。那些談話高手也同時是講故事高手，有辦法將所見所聞用最吸引人的方式說出來，讓人聽得津津有味。

怎樣才會吸引人呢？說的話必須要顯示出相應的情緒！換句話說，情緒一定要黏附在話語之上。講述開心的事，黏附在話語上的情緒一定要愉悅、積極；講述煩惱的事，黏附在話語上的情緒一定要困惑、苦悶。這很困難嗎？我們不都是這樣嗎？正常來說當然是如此，但我們說故事時並不處在那種情況中，而是以旁觀者的角色來敘說，這時候的情緒無法自然表現。要求把一件開心的事講得很開心，這就沒有想像中容易了。

講故事高手在話語上的情緒都是變換自如。激動或傷心都可以如實傳遞。試想一下，如果描述災難事件時平靜如水，誰會感覺驚心動魄呢？本書前文有提到，情緒具有感染力。想更吸引人，不妨在言語上添加一些情緒吧。優秀的演員說台詞永遠是抑揚頓挫，從來不會單調無味。試著練習說恐怖的事情，你可以透過肢體語言、神態語氣來表現出恐怖，像是做出「目瞪口呆」、「驚慌失措」的樣子，我相信聽眾一定也會聽得投入，被你的情緒帶著走。

當然，這也需要一定的表達力與知識。如果表達無法自如，或者生活單調乏味，我相信也講不出什麼好的故事。所以，多看書、多經歷、多接觸不同事物是提高表達力的最佳解方。當人生經歷豐富了，配合上面技巧，談吐會變得更加吸引人。

2 找話題的最速方法

每個人都可能遇到陌生人。在某些場合下，我們礙於環境因素，又為了避免尷尬，不得不跟陌生人交談。尋找話題能力就顯得重要了。

與人交談不一定要建立在彼此了解的基礎下，也不需要個性或層次相投。只要有共同語言，就能產生思想交會，走到哪裡，就聊到哪裡。所以我們要善於尋找、發現與產生話題。一個好的話題，可以讓交談順暢進行。換言之，好話題是初步交談的媒介，是深入詳談的基礎，更是敞開心扉的開端。如何找到這種好話題？

興奮點：喜歡什麼？

每個人心裡都有一個「興奮點」。想跟陌生人愉快交談，就要找到這個興奮點，即對方可能感興趣的地方。

有一類話題大家都感興趣，通常會是對方想談、愛談又能談的。就算再沉默寡言、再不會表達的人，一旦觸及這類話題也會打開話匣子。例如，我朋友的小外甥，個性害羞，很少跟人聊天，但喜歡玩遊戲，尤其是喜歡玩《俠盜獵車手V》。所以我每次去拜訪朋友，都會談遊戲來開啟話題。直接問作業、成績他可能不會回答，但聊一些遊戲的內容，他興奮起來，就可以轉到我想聊的事情上。我會問他：「你玩遊戲這麼厲害，成績該不會很差吧？」他自然就會告訴我真實情況了。

在話題的選擇上，不同的場合、人群也會有不同的技巧。與男性朋友聚會，找話題可以圍繞事業或時事經濟，甚至是科技發展。談工作，談人生，當然也可以談玩樂。如果是女性朋友，那麼聊情感、心情、美妝、保養、購物，都可能觸發興奮點。

在「魚龍混雜」的群體裡面，有時不容易分辨每一個人的狀況，最保險的方法是用興趣愛好來開啟話題。畢竟每個人都有自己喜歡的事情，再沉默寡言的人只要談起喜歡的東西，也會變得滔滔不絕。遇到這種情況，直接開口問對方平時的興趣就行了。記住，每個人都喜歡談論自己的事，以此來滿足自己「當主角」的心理。找到興奮點，話題自然就來了。

就地取材

根據當下，因地、因時、因人來引入相關材料當成話題，可以讓談話更自然。當然，這依然要以對方感興趣的為主。

一般情況下，借助對方的姓名、年齡、籍貫、衣著飾品或所處的環境來即興開啟話題，通常可以打開別人的話匣子。這種做法的優點在於靈活自然、就地取材。當然，說話者也必須思維敏捷、善於觀察，才能根據外界進行豐富的聯想。例如，我有次去唱KTV，旁邊坐著朋友的朋友，感覺一度有點不自在。後來聽到對方唱歌很好聽，我就以此為切入點，問他是不是常去KTV唱歌。他說不是，只是偶爾放鬆一下。然後我繼續圍繞這個點，談話於是順利進行下去了。

由淺入深的交談，可以透過這種方式來找話題。假如參加活動時，旁邊坐了一個陌生人，不知道聊些什麼，就可以根據對方的情況，拋出一些淺層的問題：「你也來參加這個活動嗎？」

無論對方怎麼回答，還是直接回答你「我是來採訪的」，那你也可以順著繼續聊下去：「採訪？是不是採訪某某人？為什麼要採訪他呢？」這種形式有助於由淺入深地進行長時間交談，甚至可能越聊越盡興。

共同語言的媒介

這種形式其實是前文方法的延伸，也就是根據當下情況尋找話題，不過，是「與對方相關」的當下情況。換句話說，尋找自己與陌生人之間的媒介，以此找出共同語言，就能拉近距離。比如，你通勤時看到旁邊的人拿著一本書，這時可以問：「不好意思，請問一下你手上是不是某某書？因為我之前也看了書評，似乎不太好，就沒有買，不知道你看了覺得如何？」

不帶惡意地對別人的專長、所有物表示看法，從而拉攏關係，交談也可以順利進行。當然，不要見什麼就說什麼，畢竟每個人多少都有戒心。如果對方小心翼翼地拿著某些東西，似乎不想接觸別人，那你最好就不要再問東問西了，否則自找尷尬。不要哪壺不開提哪壺，發問時懂得察言觀色，才能按照自己的節奏來談話。

表明動機，消除戒心

「戶口調查式」的談話是聊天最忌諱的。一定要懂得察覺並避開對方的雷區。要適當「表現自我」，發表自己的意見，分享故事，讓對方充分了解你。如：

A：你現在畢業了嗎？

B：是的。

A：我是前年畢業的，工作兩年了，總覺得知識經驗常常不夠用。你現在工作了嗎？有沒有這種感覺？

B：剛開始工作了，慢慢也有這種感覺。

在B回答「是的」之後，A沒有立刻發問，而是先說一說自己的情況，讓問題有一種緩衝，同時袒露心聲，讓對方感覺是真心聊天。這時再問第二個問題，對方回答的意願會更高。此外，談話一定要儘早向對方表明合理目的，最好一開始就提出。

大腦往往會合理化一些外在行為。在對方還不是跟你很熟，而你又沒有表明目的的情況下，對方就只能猜測你的行為動機。人類天生都有自我防衛心理，所以為了避免被誤會成心懷不軌，談話一定要先表明目的。

表明目的的最好的句法，就是「因為」。以看書搭訕的例子來說，你直接問「請問這本書好不好呢？」是不夠的，對方根本不知道你為何而來。如果後面加「因為」，說「因為我之前上網查了書評，似乎不太好，所以一直拿不定想法，現在看到你在看這本書，所以問一下你的感覺」。表明目的，對方心裡就知道你發問的原委，而不會提高心防。無論搭訕、問路，還是不想建立關係，都要給出一個理由，以此來合理化行為。否則，就算聊了半個小時，對方還是不知道你為何而來，轉身就跟朋友說「遇到個怪人，無緣無故就跟我說話」。如果是搭訕異性，就算不想表明「想認識對方」這個目的，也要給出其他目的，藉此把聊天合理化，減輕對方的「胡思亂想」。

初次交談注意事項：

1. 面對話少的人要主動出擊，找機會開話題。當然也要看情況，觀察對方的反應，以免太積極嚇到對方。另外，說話前最好跟對方有至少兩次的視線接觸，讓對方知道你的存在，否則突然上前聊天，印象不會太好。

2. 真誠，是發展未來緊密關係的首要條件，初次見面時，說話態度和行為舉止一定要大方自然，不要拘謹猥瑣，否則會讓人留下太過主動和輕浮的印象。

3. 通常人們最關心自己的問題，只要問對問題，認真傾聽，對方一定會善意回應，讓我們有機會表達自己。一來一往，很容易就拉近距離。切勿一開口就滔滔不絕地談自己，很容易讓人反感。

4. 萍水相逢的場合，大家只是透過聊天避免無聊或尷尬，所以別想太多。放開心胸，在尊重他人的前提下，就大膽聊天吧；如果表示善意，對方還是表現出冷漠、傲慢，那是對方的人品問題，跟你無關。

話題有三種延伸方式

簡單來說，展開話題的方式可根據聊天內容而有三種。

1. 擴大話題（向上歸類）
2. 深入話題（向下歸類）
3. 引入類似話題（橫向歸類）

同一句話，三種方式將帶來不同的結果。例如，「我覺得談戀愛真的非常累人」，如果只簡單回答「沒錯，真的累人」，那麼話題就結束了。那麼透過這三種回應方式的效果如何？

向上歸類、擴大話題，把話題拉到一個更大範圍：「何止談戀愛累人？生活在這個世界上，做什麼事都累人。說句話都要看人臉色，做對做錯都是自己的責任，別人只顧著賺錢，我們呢？你說，還有什麼不累人的嗎？」

向下歸類，深挖話題，把話題深入：「戀愛確實很累人，認真付出真心，到頭來對方轉身就跟另一個人走了。有時候，我真的不想浪費時間去談戀愛。沒錢談不起，有錢談不成，倒不如一個人生活。」

橫向歸類，引入類似話題，分享相同的事例：「談戀愛是累人，工作又何嘗不是？你失戀被別人拋棄，我是努力工作還被老闆看不起。」

這是針對話題擴展內容的法則，現實生活不一定可以明確劃分，混合使用也可以。但只要掌握好，聊不下去時就能幫助你發表自己的見解。正如同我前文所寫，不能一直發問，要適時發表意見。

3 幽默先修班：笑點在哪裡？

很多幽默笑話都包含了聊天的應對技巧。懂得思考每個笑話所用到的技巧，就不用怕尬聊或冷場了。先看這一則笑話。有個行人問路：「你好，請問離警察局最近的路怎麼走？」路人答道：「很簡單。你用石頭把對面商店的櫥窗砸破，十分鐘後你就會到了。」

不管好不好笑，先想一想，這個笑話預設的笑點在哪？找到笑點之後，你就可以有意識地捕捉笑點來開玩笑了。答案是不是「路人不照正常邏輯思維來回答」呢？行人想以正常的方式到達警察局，而路人則回答不正常到達警察局的方法。這個思維錯位就是笑點。應用到生活中，假如跟異性開玩笑：「你知道通往幸福的門是什麼門？」對方按正常邏輯去思考一定答不出，這時回答「我們」，對方想必措手不及。

有時候幽默的聊天，不一定按照邏輯思維，適時跳脫可以炒熱氣氛。所以，如果有人問你一些無關痛癢、或你不太想答的問題，這時沒必要講究邏輯思考，用這種幽默的方式回答就可以了。例如有人問你，如何變得受歡迎？這根本沒辦法短時間回答，你太正經、說多少都是沒用的，對方只是隨口問問。這時你可以開完笑說：「如果你請我吃晚餐，你就成功踏出第一步了。」

正所謂「曲徑通幽」嘛，不用太認真。再看這一則笑話：「我站在小麗的窗下對她唱情歌，她扔給我一枝花。」

「那你頭上的傷是怎麼回事？」

「她忘記把花從花盆裡拿出來了。」

笑點又在哪裡？是不是把一件壞事說得像是好事，讓思維一時之間轉不過來？這個笑話表達了一種豁達，是應對世事時的一種樂觀。如果沒有這種態度，那麼這個笑話可能會是在正經訴苦了。

同樣一件事，心理態度的不同，對話的效果也不同。例如A跟B說，他今天跟女神表白被拒絕了，心情很失落。換成幽默的表達方式就是這樣：

A：我今天跟女神表白了。

B：結果怎麼樣？

A：她高興死了。

B：你表白成功了？

A：不是！她是很高興，終於有機會正式拒絕我的追求了。

這種把傷口拿來自嘲的心胸，我相信不是每個人都能做到。當然，我不是說為了幽默都要強迫自己到這種程度。但偶爾調整一下苦瓜臉，轉換看問題的角度，不要鑽牛角尖思考，自娛娛人是可以鍛煉心胸的。畢竟我們以為很嚴重的許多事，在時間長河裡會慢慢變得微不足道。這個道理應用在日常生活中，就是與人交流對話並不需要事事計較，可以適當調侃自己，向別人暴露出一些缺點。

演員A：「我初次登台，觀眾就送我許多鮮花，我妻子還開了間花店。」

演員B：「這沒什麼了不起，我初次登台，觀眾送了我一座房子。」

演員A：「真的嗎？」

演員B：「真的！我表演的時候，他們扔過來的石頭，足夠造一座房子了。」

笑點在哪裡？很明顯是「誇大其詞」了。當然演員B說的不是事實，但如果他發現自己表演不好，想自嘲一下，就可以幻想出這一幕來調侃自己。他的說法只是一種誇飾效果，並非有人丟他石頭。在現實生活中，我們也可以適當誇飾來突出某些思想。

你肚子餓，朋友找你去吃飯，這時就能開玩笑說：「等你這句話等了五百多年了，還不趕緊去吃！」

其實放開心態，思維會隨之自由。不要限制自己的可能性，太死板也不好。不過物極必反。經常誇大會使人覺得浮誇，所以要掌握程度，懂得根據環境適當調侃。

再來看一則笑話。有對男女吵架，男的罵道：「你說話像個白癡！」女的答道：「是嗎？那我們就有共通語言了。」這是不是「以其人之道還治其人之身」呢？我們可以從中學到反擊，很多幽默故事都有這種技巧，用對方的邏輯來對付對方。熟練運用的話，就不用擔心被別人針對了，因為你也可以如法炮製去針對別人。例如，妻子說：「昨晚我做了一個夢，夢見你給了我一千元去買衣服。你一定會成全我的夢吧？」丈夫：「當然。昨晚我也做了一個夢，我已經給了你一千元去買衣服了。」

此外，很多幽默笑話不會直接反駁，而會採取暗示。例如，有個旅行家在晚會上對德國詩人海涅（猶太人）說：「我發現了一個小島，島上竟然沒有猶太人和驢子。」海涅鎮定地說：「看來，只有我和你一起去那個島上，才能彌補這個錯誤。」詩人的反擊暗示了那個旅行家是驢子。

在語言技巧上，暗示也是一種很有用的方法。例如，你去朋友家，朋友化身廚師做飯吃，但沒想到每道菜的鹽都放多了，如果開玩笑地暗示：「好廚藝，看似普通的飯菜，居然讓我吃了大概有一噸鹽。」朋友一定會知道意思，而且比直指更能保護對方的自尊心，畢竟有趣的氛圍會減輕批判的壓力。

笑話，是語言技巧提煉結合後的集合。想提高口才，多看笑話會有很大幫助。看所有笑話時都這樣分析，直到腦中形成習慣意識，且敢於應用於日常，語言表達力就會更上層樓。

4 他為什麼幽默？六招現學現用

說話有趣的人，總能在第一時間吸引注意力，成為群體的焦點。而有些人則懊惱為什麼自己只能待在角落，被眾人的笑聲淹沒。

幽默能學習嗎？答案是，可以。接下來介紹的六招幽默的技法，掌握之後就能根據對象和環境來活用。當然，這種有趣只是技巧上的有趣，跟有天賦的人還相差甚遠，不過，用來應付一般的人際交往也綽綽有餘了。首先我們要做好心態、知識與思維的準備。

輕鬆才笑得出來

想聊得談笑風生、興致盎然，心態必須先放鬆。

千萬別氣氛弄得像是奔喪。生活與人相處沒必要老是板著臉，別沒必要太過嚴肅。要學習樂觀的心態。對世事抱持著「愛理不理」的態度，反正有些事無關利益，又無損他人，想怎麼玩就怎麼玩。放開心胸，不怕丟臉。輕鬆自在，娛人娛己。

深度帶來後勁

有趣的人不是會耍嘴皮子，背後還需要大量知識的累積。畢竟豐富的知識能讓你面對不同話題都應對自如，隨時挖掘出有趣的成分，然後讓大家開心；不學無術的人就算想搭話聊天也不知道如何下手，更別提聊得有趣了。

在專業知識的基礎上，多看一些不同種類的雜書，養成博覽的習慣，幽默就會變得更近。

有趣的思考角度

心態如果是大廈的基礎，那麼知識存量就是大廈的建材，而思考模式，則是大廈與眾不同的外觀。有趣的人必然有與眾不同的思維，能在各種平常的事理中抽取出不尋常的部分；思維呆板遲滯的人，無法敏銳地捕捉到有趣的材料並加以運用。因此，培養幽默思維很重要，至於如何培養，我在書裡的第四章已經提過方法，不再贅述。

現學現用的幽默六招

第一招，懂得自嘲

記住一句話，善於自我解嘲的人最有福氣。為什麼？善於自嘲的人，自尊心既不會過高，也不會過低，保持著相對穩定的姿態與人相處。不管有什麼衝突，一句玩笑話就消除了。

有次我跟朋友逛超市，他推著購物車，車不小心碰到旁邊的一個男生。對方一臉無辜，沒想到我朋友卻先說：「不好意思，女司機開車出來禍害人間了！」我朋友的開車技術很好，但這樣一說，既讓對方沒有生氣的理由，也給了自己台階下，這就是自嘲的作用。

要特別注意的是，千萬別把自嘲說成了自貶。如何區分？自嘲不會用到貶義詞，只會用坦然的態度述說不好的事情，不抱怨，不埋怨。

第二招，曲解意思

顧名思義，曲解是不從正面去理解事情，故意從意想不到、不符常規的側面去理解，給人感覺似是而非、牛頭不對馬嘴。

最常見的方法就是望文生義、望字生義。很多笑話都由此而來，是把有趣談話最常用的一招。有次我跟男性友人出去吃飯，途中看到一個開賓士的女子，因為停車問題跟警衛爭執，態度很差。我憤憤不平地說：「這個女人好兇啊！」朋友卻一臉鄙視地回答我：「我仔細看，她的胸不太好！」我於是忘記不快，笑了出來。

只要思維不呆板，隨時都可以發散思維地曲解，所有事都能做笑料。

第三招，運用諧音

中文博大精深，很多一字多音或一音多字的情況，運用諧音基本上是垂手可得的方法。

我有次跟閨密吃飯，她男友也在，大家一起聊天。我和閨密男友是第一次見面，所以有點拘謹。接著聊到我和閨密是怎麼相識的，我就隨口回答「可能比較投緣吧」，沒想到閨密男友驚訝地說：「真的嗎？那你看我的頭圓不圓？可以跟交個朋友嗎？」才一下子就打破尷尬氣氛了。

想運用得當，要又對文字的敏感度。平常時多動腦，思考詞語同義同音的部分，就能有習慣性的敏感度了。

第四招，聲東擊西

聲東擊西是什麼？當然不是成語的意思。我們可以理解成一種思維轉換——明明指的是東，最後揭露出來的卻是西。有點類似相聲的「抖包袱」。上一句是包袱，下一句就是跟想像截然不同的結果。先醞釀一大段，揭示的結果卻跟鋪陳完全無關。有一個段子。女生問男生平時都在做什麼，男生說：「平時都上班下班，看書看電影，打打遊戲，做做運動這樣，其他時間就想一想你。」女生驚喜地問：「真的嗎？」男生說：「是的，不過我一般都沒有其他時間。」

這招最大的技巧在於，前半部要轉移思維，設下陷阱，製造懸念，把聽者的注意力轉到你故意製造的地方，後半部則要給出一個意想不到的答案。不協調的對比自然會很有趣。

第五招，故意誇張

通常把一些普通平常的東西，故意誇大來說，就會有幽默效果。

老婆出軌，說男方戴綠帽很普通，但說是綠巨人就誇張了。有個女性朋友明明長得漂亮，但她每次見面都說自己的嘴巴很大、不好看。有次大家一起吃飯聊天，她又提起了這個「缺點」。我受不了她這麼不知足，就冷冷地說：「是啊，真的很大，都大得可以鯨吞一條鯊魚了！」結果換一記拳頭。明明是小事，卻說得像是世界末日一樣，就會引人發笑。

第六招，善於聯想

這裡的聯想當然不是電腦品牌，而是由當前的一個事物，想到了另外一個相關的事物。吳宗憲的聯想能力首屈一指。有次憲哥問一位嘉賓：「聽說你試過同時有七個人追你啊？」嘉賓說：「對啊！」憲哥說：「你知道我有什麼感想嗎？」嘉賓問：「什麼？」憲哥給出答案：「這是白雪公主和七個小矮人的悲慘故事！」另一個案例，我有次出外聚會，有個朋友感慨自己大學時多麼受歡迎，有多少人追求，沒想到畢業後就少了很多。另一個朋友安慰道：「也許他們覺得股市行情不好，都紛紛撤資了！」

這都是聯想。透過一件事，聯繫起另一件類似或相關的事，產生對比的詼諧，就會有笑料。豐富的知識累積才能想起別人想不到的。

除了上述六招，難道就沒有其他變得有趣的方法了？當然還有。這六個技巧比較容易學習和應用，可以讓我們現學現賣，稍加練習就能即時運用。但這並代表它們就是有趣的全部。

有趣的最高境界，就是無招勝有招。很多有趣的人，一句普通的話都讓人捧腹大笑，這就是內在的功力，涉及語調、語氣、表情、肢體語言等方面。這不是幾天就能做得到的。如果有心想提高幽默感，還是要靠自己去深造。

5 來者不善？漂亮反擊的技術

根據別人的挑釁而做出恰到好處的反駁，是一種高級的說話能力，並不是每個人都能做到。就算你私下有辦法破口大罵，但當你置身公眾場合，說不定是腦子一片空白。所以，一定要培養面對刁難的反應力。無論有什麼突發事件，你都能鎮定自如地反應，包括面對別人的挑釁。

以下這五招是比較常用、且容易學會的反擊技巧。

1. 以謬制謬，針鋒相對

我們難免會遇到受氣的情況。面對得理不饒人的人，你越是忍耐，給他留面子，他就越是得寸進尺，不會領情。對於這種人，就只能採取積極反擊。當然，我指的不是「指著對方鼻子罵」這種低層次的做法。

一般來說，最好的反擊當然是抓住對方的邏輯漏洞，心平氣和、氣定神閑地表示反駁，讓對方無地自容。這樣不但能給對方智力上的打擊，而且層次還會高人一籌。

「以謬制謬」是最常見的反擊方式，運用與對方平行的邏輯推理，達到否定的目的，讓對方有口難言。這種方法的特點就是，揪出對方不合理的地方，然後由此推導出一個更不合理的結論，放大其錯誤，最終否定對方的論點。

這種反擊法非常有用。例如：英國作家蕭伯納身材高瘦，在某次晚宴上，一個肥胖的富翁嘲笑他：「蕭伯納先生，一看到你，我就知道世界正在鬧饑荒了！」蕭伯納反擊：「先生，我一見到你，我就知道世界正在鬧饑荒的原因了！」這就是用對方的邏輯反駁對方的說法。

2. 類比推理，萬用反擊

類比推理，類似於以謬制謬。歸謬法是抓住對方邏輯中的荒謬之處，並以此反擊；類比推理則是用類似案例來反擊。

有個吝嗇的老闆叫僕人去買酒，卻沒有給錢，僕人問：「先生，沒有錢怎麼買酒？」老闆說：「誰都可以用錢去買酒；不花錢買酒才是有本事的人。」僕人無可奈何，只好照做，最後提著空瓶子回來。老闆生氣地說：「這要喝什麼？」僕人答道：「誰都可以從有酒的瓶子裡喝酒；從空瓶子裡喝到酒才是有本事的人。」

這就是類比推理。僕人從老闆的邏輯推導出這個邏輯，仿照了推理格式，製造出類似的例子。也就是說，類比是針對對方的問題，採取與之相似或相對的事物進行同一推理，來揭示對方的荒謬之處。

乍看之下，以謬制謬跟類比推理似乎雷同。不過，以謬制謬的應用範圍更廣泛。例如，要反駁「胖人都是笨手笨腳的大肥豬」這個命題，類比推理會說，「瘦人就是一種手長腳長的小猴子」。而以謬制謬會反駁，「你說得對，洪金寶就是好例子，他笨拙得連拍功夫片都沒人看」。顯然，推理結果相當荒謬。

3. 幽默應對，調皮詼諧

幽默的反擊技巧堪稱最和諧的反擊，可以緩解緊張，讓事態朝著良好的方向發展。

很多時候，反駁不一定要太認真。像是跟情人拌嘴，如果太認真，感情就輸了。老婆委屈地說：「經常這樣吵吵鬧鬧，這個家我真的待不下去了！」這時老公意識到自己不好的行為，靈機一動，說道：「你說得對，這個家我也待不下去了。來，我們一起離開這裡！」然後就拉起對方的手往外走。老婆自然會會心一笑了。

再舉一例。有個女生走在人很多的街上，迎面一個小夥子居然不小心踩了她的腳。於是她生氣地罵道：「喂，你是怎麼走路的？你的眼睛呢？」小夥子不好意思地說：「抱歉踩了妳。其實一般來說，我是用腳走路的，並不是跟你說的一樣，用眼睛走路。」

幽默既能反駁對方觀點，又能產生和諧、友好、輕鬆、愉快的氣氛。我已經在前文提過運用方法——首先聯想力要強，能打破邏輯思維的限制，透過曲解、誇張、比喻等方式，說出自己的觀點。經常刻意用這種思維方式看待世界，處事別太認真，放開心態，用玩樂的態度面對問題，說話就會漸漸有幽默的意味。

4. 曲解語義，把握主動

刻意違反常規的理解，臨時賦予詞語或句子新義，就能予以反擊對方。例如這個故事：威爾遜任職新澤西州州長時，接到來自華盛頓的電話，說新澤西州的一位議員剛剛去世。於是威爾遜取消當天的行程，準備處理議員的後事。這時，有個政治家打電話來自薦，說自己有能力替代那位議員的位置。威爾遜對這種迫不及待上位的態度感到噁心，於是回答：「好的，如果殯儀館那邊沒問題，我個人完全同意你的自薦。」這就是曲解的反駁。

曲解語義又分為曲解詞義和句義。例如，俄國大詩人普希金年輕時，在彼得堡參加某公爵的家庭舞會。他邀請一位小姐跳舞，對方傲慢地說：「我不跟小孩子一起跳舞。」他被拒絕，於是笑著回答：「對不起，親愛的小姐，我不知道你正懷著孩子。」句中的「小孩子」顯然是指普希金，但普希金卻曲解成肚子中的孩子，於是產生了反駁效果。

曲解的關鍵在於，要懂得識別詞語、句子表達的多樣性，不要只看見表面，還要想到背後的意思，至少要懂得「一詞多義」的語文特性。例如，朋友說：「時間不早了，那我先走了。」

聽到這樣，你發現「走」可以有其他引申意思，包括「離開世界」。於是你開玩笑對朋友說：「那你一路走好，安心上路，我們會懷念你的！」這是曲解的其中一種應用。

思維的發散性更有助於掌握這種技巧。

5. 弦外之音，只可意會

隱含地表達思想，是一種暗示性的說話技巧，讓聽眾自己悟出你的言外之意。在論辯時運用這種技巧，能夠委婉地說出意見，含蓄地指出對方的缺點，這比起直接說明，既能保護對方面子，也能緩和彼此的衝突。

例如，教授與工人發生了爭執。教授破口大罵，但工人沒有直接回擊，也不說罵人的道理，只是輕輕地說了一句：「果然是大學教授，連髒話粗話都說得這麼流利！」工人的言外之意，明顯是諷刺教授理應有知識、有修養，行為卻有失身分。

再如，羅西尼是十九世紀著名的義大利作曲家。某次，一個不知名的作曲家帶了一份東拼西湊的樂曲手稿去求教。演奏過程中，羅西尼忍不住脫了帽子。作曲家於是好奇問道：「先生，是不是屋子太熱了？」羅西尼回答：「不，我遇到熟人一般會習慣脫帽致敬。閣下的曲子讓我碰到了這麼多熟人，我不得不連連脫帽。」誰都看得出言外之意了。

有些話不方便明說，這時運用暗示法，就能指出對方的不當之處。暗示是很好的辯駁法，不但能避其鋒芒，也讓對方無可奈何，想反駁也不得其門而入。

除了上述方法，其實還有許多反擊的技巧。這五種是最常用、最容易學習的，值得好好掌握。學會這些基本的反駁技巧，就足以應對大部分難題了。假如覺得不夠用，可將本章當作進一步學習的指引。掌握技巧自然都離不開練習。

6 氛圍營造：好聊天的氣場

好的聊天氛圍是什麼？有些人，跟他們聊天會讓你非常難受，如坐針氈。大家不是沉默得尷尬，就是聊天氛圍很僵；另一些人，跟他們聊天會發現聊天居然這麼暢快，好像遇到知己。明明沒有聊天的欲望，而且心裡還有一點緊張和不習慣，但聊著聊著話匣子就突然開了，樂意繼續天南地北。

為什麼有些人有這種魔力？原因在於，這些人懂得營造良好的聊天氛圍，讓你感覺聊天沒有任何負面情緒。先定義一下良好的聊天氛圍，大概會有四個特徵：

第一，態度輕鬆自然

不管跟陌生人或者朋友聊天，你能否輕鬆自在？想營造良好氛圍，自己要先由內而外散發出輕鬆自然的姿態。聊天時當然不能像是祭祖般表情凝重。輕鬆自然，表示你沒有任何壓力。所有的聊天都是在很自然、很放鬆的情況下進行。我相信，喘不過氣的聊天一定令人害怕。

要記住，情緒很容易感染。想一想，參加喪禮或婚禮時是什麼樣的氛圍？或許我們情緒原本很穩定，但身處那種環境，自然會被氣氛感染。同樣，如果我們沒辦法放鬆、自然，而帶著緊張情緒與人相處，對方也會受你的情緒影響，一起變緊張。這對良好氛圍並沒有幫助。

營造良好氛圍的第一步，是讓自己放鬆，表現出輕鬆自然。當然，你可能會說：「我很想放鬆啊，但就是沒辦法，我能怎麼辦？」一般來說，如果你在一個環境下表現得很拘謹，主要有兩種原因：

1. 沒有足夠安全感。
2. 思想有太多自我限制。

第一點很好理解。面對陌生環境或陌生人，因為不熟悉，不知道能說什麼、不能說什麼，不知道當下的人與事的運作規則，於是缺乏足夠安全感，從而小心謹慎，不敢隨便做出不符合當下標準的言談舉止。這非常正常，但有個地方不正常——你並沒有主動去取得安全感。什麼意思？很多人身處陌生環境，通常是默默坐在角落，不讓別人注意自己，也不喜歡被注意，只是靜靜坐著。這樣一來，就不會主動去熟悉周遭。若是不熟悉，對環境就不了解，不了解就會沒把握，於是沒把握就沒有安全感。到了新環境要盡快融入，無論跟旁人互動，像是打招呼、寒暄一下。這是主動的應對方法，不是被動等待別人給予你安全感。

許多人不敢主動在陌生環境中建立關係，是因為給思想設下太多的自我限制——他們覺得這樣做不好，那麼說話不行，用很多框架限制自己，這是導致表現拘謹和緊張的一個原因。

但思想為什麼會有這麼多限制？可能與成長經歷有關！有些人小時候常被父母嚴格規範，從而養成了小心謹慎、害怕犯錯的性格。所以身處陌生環境，會很害怕行為不符合當下要求；由於不知道自己表現好不好，就寧願沉默寡言，什麼都不敢做。

我們不過是凡人，不可能不犯錯，只要犯錯時敢於道歉、承擔責任就好了。不斷要求自己用完美形象示人，擔心表現不好受別人嘲笑，這樣一定會變得戰戰兢兢、不敢嘗試，對什麼都放不開。所以要調整思想，放鬆自己，允許一些犯錯。只要不造成傷害，那適當地開開玩笑，主動交流，別過度在乎別人的眼光，就可以放鬆自在做自己。這是營造良好氛圍的前提。

第二，談話有趣好玩

有了上述的心態調整，第二步，就是開口聊天！

怎麼聊？聊天分很多種，有正式工作上的聊天，也有生活上的隨意聊天。例如在前者的情況，與客戶老闆或較高社會地位的人，當然不能開完笑，應該嚴肅看待。而在此要說的聊天，是進入新環境時與陌生人快速建立聯繫，像是說認識新朋友、新同事或心儀對象，都屬於這種情況。這類聊天不能太正經，否則很難建立更深入的關係。

你和心儀對象約會，過程一言不發、板著臉，或是說話很無趣，對方難道對你會有好印象嗎？不會！外貌只是門票，通過入口之後，繼續散發魅力要靠聊天。這時要以放鬆自己為前提，讓談話變得有趣好玩，進而營造良好氛圍。舉個例子：你跟朋友相約看電影，見面時，你看到他穿了很多衣服。你說：「哇，你幹嘛穿這麼多？不熱嗎？」這是普通的回應，但如果換一種說法：「哇，你要去北極旅遊嗎？幹嘛穿這麼多？」朋友可能會回應：「別亂說，怎麼可能要去北極旅遊？是去南極！」

這樣一來一往是不是很有意思？營造良好氛圍，不一定要說些引發笑聲的話語，而是你的行為不死板、不嚴肅，一副很放鬆的感覺，可以隨便開玩笑，互相吐槽缺點。想要成功營造，思維必須靈活，用習慣以外的方式來聊天。簡單來說，打破既有思維就可以不死板，可以用一些誇飾、醞釀、諷刺、比喻、雙關等修辭法。比如說，朋友問：「你剛才去哪裡，這麼久？」你回答：「上廁所啊。」這是既有的思維，但如果回答：「不好意思，我剛才跟廁所親密接觸，有點難捨難分！」這超出了常規思維，於是讓對話變得有趣。

好玩有趣的前提，就是充滿感情、變化的語氣。記得先前說過「情緒會互相感染」嗎？語氣是傳遞情緒的一種管道，熱情歡快的語氣會傳遞出熱情歡快，沉悶乏味的語氣也一樣。建立有趣好玩的氛圍不僅僅是語言，有時也跟語氣有關。

平時這樣做很困難，有機會一定要多加嘗試。如何累積好玩的語言？多看笑話、脫口秀以及綜藝節目，刻意鍛煉會讓你形成自己的表達，在生活自然運用。放鬆自己，腦袋才有打破常規的空間，這時再借助語氣，這樣營造的氣氛一定會讓人覺得輕鬆愉快。然而，你可能會認為朋友可以開玩笑，但剛認識的、不那麼熟的人應該沒辦法吧！沒錯，接下來要說就是張弛有度。

第三，言語張弛有度

「張」是緊張、繃緊的意思，語言上的「張」是認真、正經、禮貌；「弛」就是放鬆、隨意的感覺，語言上的「弛」是調動創意思維、說話有趣好玩。說話的張弛有度，就是該正經時正經，該輕鬆時也放得開。

什麼時候該正經？跟人初次見面，當然必須做好禮節，不可能剛認識就說：「yo man, what's up man, how you doing man, give me five.」這時要「張」，表現出應有的禮貌：「你好，我是某某，很高興認識你，謝謝！」表現該有的「張」，接下來可以加入「弛」的表現。別人回應：「哦，原來你是剛剛點了牛奶的人。」你可以說：「對的，我就是點牛奶的人。你可以喝一些，絕對沒有三聚氰胺！」這是「弛」的表現，適當跳出既有思維，語氣輕鬆、自然、隨意。

這也說明了，張弛有度一定具備應有的禮貌和尊重，開玩笑不能損害他人。如果你以取笑別人為樂，那麼這種「弛」就過火了。反之，如果你說什麼都一本正經、無聊，甚至態度嚴肅、強勢，這種「張」就營造不出輕鬆分為，會製造距離感。所以張弛有度要找平衡點，兩部分都不能太過。

但如果不小心說了一些不該說的，導致氣氛尷尬，這時要懂得處理，重新讓氣氛回到輕鬆的狀態。這也是我將要說的第四點。

第四，巧妙處理尷尬

有時不敢聊天是怕氣氛搞僵。什麼情況會導致如此？就是說錯話、突然沒了話題、踩了別人的地雷等，都可能讓陷入尷尬。尷尬是氛圍的殺手之一，開心的氣氛一下子就可能消失。處理尷尬是聊天的重要能力。

如何處理？在處理之前，先要意識到尷尬的發生。你開口前一定要考慮到話語在當下可能帶來的影響。例如，你跟賣國產車的朋友聊天，卻談到國產車的種種缺點，哪裡不好、不成熟，問題多多，以為這樣可以打開話題，但可能讓對方很難堪。

說話前，一定要想想會不會與對方產生衝突。對方可能在意的事情就盡量別說，對好朋友也是如此。如果不小心說出口，怎麼辦？緩解尷尬有兩種方式，第一是真誠道歉，直說「不好意思，我不應該在你面前說這些」，一般別人聽了就不會太糾結了；第二，透過幽默來緩和。

當你說完話之後，發現朋友剛好在賣國產車，可以說：「啊，我本人就是國產的，自己問題都不少，怎麼還有臉去講其他東西？腦子有問題！」對方應該笑一笑就沒事了。

發揮幽默感自嘲一番，調侃自己、淡化尷尬氣氛，就能輕鬆轉移對方注意力。如何發揮幽默感？回到前文所寫，首先你要放鬆，跳脫思維，發揮想像力，擺脫既有的說話方式，讓接下來的言談變得有趣，這樣才可能化解尷尬。

上述流程是交互影響的。對照這四點，看看哪一點還不到位，試著努力去練習！當你融會貫通，時常私下刻意鍛煉，直到表現得非常自然，最後一定可以成功營造良好氛圍。

7 你只需要一個好故事

聊天最忌諱的就是說話枯燥乏味，一點感覺都沒有。如果你平常說話都沒有吸引人的地方，那麼就要學一學講故事。將觀點包裝成故事，才能潛移默化地影響聽眾，改變他們的觀感。畢竟所有人都愛聽故事。小時候看漫畫，念書時看小說，長大看電影——這些媒介都有同樣的核心，就是故事。這個性質不斷吸引人類的注意力。

喜歡故事，是人類與生俱來的行為，深植在基因裡面。在語言誕生前的遠古時代，族人之間講授打獵技巧，分享躲避危險的經驗，往往需要用故事來傳遞資訊。人類進化至今，喜歡故事已成為生存思維之一。而在說話上，故事的運用會帶來天差地遠的效果。會講故事，就會帶來很大的感染力。

為什麼現在很多雞湯文都是先說一個故事，再總結一下發表見解呢？因為這樣能讓聽眾處在一個情境，像是戴著VR眼鏡去感受世界，容易有代入感。我們從故事中感悟人生，學習道理，確實會比枯燥的理論更有共鳴。

勵志的故事能鼓舞人生，情感故事則可以激發情緒。在一對一談話或演講上，許多人都透過講故事來說服聽眾，這很合理，因為只要故事夠真實，聽眾會相信其中的邏輯也同樣適用在自己身上。

好故事的條件

現代社會中，每個人都是說故事的人，臉書、IG、直播等各種社交媒體都在分享著各自的故事。一個人的故事若是能位大眾帶來某些價值（娛樂價值或新聞價值皆可），就能吸引大眾目光。

哈佛大學認知心理學家加納德（Howard Gardner）提出「領導者講故事」的核心理論。他認為，講故事是成為領導者的重要技能，如果不能用故事來宣揚公司和產品的價值，就無法將自己的商業帝國推到極致。

能夠給予人們積極幫助的故事，包含了哪些條件？掌握五個核心關鍵，才能成為一個合格的故事講者。

1. 熱情

熱情對於影響力的產生和傳播有關鍵作用，它不但能激發積極情緒，還能夠影響判斷。試想，一個憂傷陰鬱的將軍帶兵，能打得過一個熱情激昂的將軍嗎？古代有許多以少勝多的經典戰役，激昂的情緒是不可忽視的。

項羽的破釜沉舟就是其中一例。所謂「戰前動員」，就是用熱情態度來激勵參與者的心理，以達到可以行事的水準。

說話時加入一些熱情，會使對方情緒發生變化。而好的溝通，一定缺少不了熱情。就算你說的事情很傷感，也可以熱情地講述，否則聽眾很可能會昏昏入睡。

2. 英雄

每個故事至少要有一個英雄。

這個「英雄」當然是借喻，指的是解決困難、化解糾紛的人。當然可以是作者本人，也可以是其他人，總之是個參與者。有了這個角色，焦點就可以放在了他身上，跟隨他的腳步去經歷遭遇，然後從故事中體會他的所思所想。這是代入感產生的條件之一。沒有英雄，我們的心靈就無從安放了。

3. 惡人

有了英雄，自然需要有惡人來襯托。

「惡人」除了是帶來麻煩的人物，同樣也可以是借喻，用來指代英雄遇到的困難和障礙。平淡無奇的故事，很難激起情緒，所以必須有惡人製造出難以克服的障礙和意外事件，才能引發一系列的感覺。沒有惡人，英雄的形象就不會突出。

說話過程中，適當地製造一些「衝突」，談話此起彼伏就不會無聊。像是開開玩笑、稍微反駁對方，都屬於「惡人」的效果。說故事不能忽略惡人的作用。

4. 感悟

一個好的故事，一定能給聽眾思想與感悟。故事是觀點的載體，說完之後，其中觀點多少會讓聽眾產生一些看法和想法。故事的感悟，有時候很容易改變對方的人生觀，發現事情的多樣性，並留下深刻印象。

所以在開始談話前，一定要確定自己的觀點是什麼，又希望從故事中得到什麼感悟——記住這兩點，能讓你依據目標調整談話的內容和表達方向。

5. 變化

克服惡人製造的種種困難，最後大團圓的結局，是我們所熟悉的英雄故事。結局是歡喜或悲傷，都能引起情緒變化。無論你得到感動或悲傷，思想都會因此產生微妙變化。

留意一下網路雞湯文或新聞報導的留言，是不是很多人的情緒都會跟著故事的節奏走？故事就是有這種效果，可以給思想「帶節奏」。這是我們在溝通中使用故事幫助表達的原因之一。

故事的內容要素

故事的內容必須包含時間、地點、人物、事件、觀點、感悟等六部分，比重在每個故事中都略有不同，但都同樣重要，缺少任何一點就不算是完整的故事。

在寫作或演講這些正式的表達當中，這些要素很容易結合。但在日常對話中，它們會隨機分散在話語間，甚至會被忽略不說。由於可以參考語境和環境等上下文，我們也不會聽不懂故事的來龍去脈。例如A和B的對話：

A：你昨晚去哪裡了？（時間要素）

B：我跟女朋友去某某商場逛街了。（地點和人物要素）

A：為什麼我打電話給你，你沒有聽到？

B：我們在看電影啊，調了靜音，不知道有電話。後來有看到，但回家又忘記了。（事件）

A：下次注意一下好嗎？害我這麼久都找不到人，你真是重色輕友啊，哪有朋友這樣？（觀點）

B：對不起，我會注意的，不會忽略你。（感悟）

正如此例，這六要素被分散了。一氣呵成的故事大概會是這樣：

昨天，我跟女友去逛街，中間還去了電影院看了很搞笑的電影。沒想到小B居然連打了好幾通電話給我，因為調了靜音一直沒發現，看完電影才看到這麼多未接來電。原本打算送女朋友回家之後再回撥，沒想到回家就忘了。隔天碰到小B，他劈頭就罵我一頓，說我重色輕友。想想確實是我不對，自從談戀愛，我就漸漸不太在乎小B了，這不是好朋友該有的態度。經過這次，我不會隨便忽略友情了，要學習找尋愛情與友情間的平衡點。

這是不是類似於小學生的日記？基本上差不多。當你告訴另一個朋友這個故事時，就可以這樣說。當然，故事的內容和思想會隨著年紀而越來越深入，也就不會顯得幼稚，在發現與解決問題上，都會慢慢透露出成熟。這些變化離不開學識和閱歷。要注意的是，上述的故事是順敘，此外還有倒敘、插敘，會根據前因後果、交際目的來調動內容。

一流的故事必須具有三個特點，即懸念、衝突和意外。

懸念，能讓人有被吊胃口的心理傾向。引發我們好奇心的東西，大多都有懸念的特質。不少小說的開頭就充滿了懸念，例如：「外星人打算用六天毀滅地球，對人類連續發動了五天的致命攻擊，人類死傷無數。今天，是第六天，而我們人類還有一小部分還活著，開始伺機反擊。」

用在友情的故事上，可以這樣製造懸念：「昨天我見到小B，他狠狠罵了我一頓，我頓時發現，我們的友情已經受到了考驗。」這樣引起好奇，對方自然會集中注意力。

衝突，是目標遇到障礙的結果，是英雄遇到惡人後會發生的事。假如故事的主題是為父親湊錢治病，途中遇到各種障礙，朋友疏離、親人躲避，結果在跟他們周旋時不斷出現麻煩，這時衝突就出現了。衝突可以是內心世界，也可以是外部環境。好萊塢電影往往是衝突不斷，每一次衝突的時機都恰到好處。

意外，就是情理之中、意料之外的意思。故事如果平淡如水，就不會引起情感。不過如果能一次又一次讓聽眾感到意外驚喜，就能讓人被故事牽著走。例如，經常照顧你的朋友突然背叛你，讓你憤憤不平。但你後來發現，原來他這樣做，是希望自卑的你能獨立面對這世界。這可就意外了。

綜上所述，先用懸念引起好奇，接著在講述的過程中給出一個又一個衝突，然後產生了最後令人意外的結果——這種故事會非常引人入勝。應用在溝通上，自然能影響對方的情緒了。想一想，很多情感訴苦的節目，是不是都這樣做？

加強故事的力道

日常對話中，很少有時間可以長篇大論地說故事。在稍縱即逝的語境下，故事一定要長短適宜、剪裁得當，要懂得根據實際情況來取捨內容。不過，講述方式也很重要，不到位的話也很難勾起聽眾的感覺。

如何說好故事？首先，肢體語言要完整。講到傷心處，眉目表情要有傷感；講到高興處，要表現出手舞足蹈。這需要對故事傾注相應的情感，以此來修潤。否則，無聊地敘述只會令人厭煩。

其次，節奏一定要掌控好。在有限的時間內傳達強烈的資訊，必須捨棄不必要的話語，將核心精簡地植入聽眾的內心。這需要提前歸納好核心資訊，從一個詞語到幾句話都可以。少了這個步驟，很可能會有「想說得很多，但時間不夠用」的情況。

最後當然要加上不斷練習。請記住一句話：你以為的天才只是不斷練習的結果。

第七章

說話情商課

掌握技巧、條理能讓說話動聽，而掌握情商會讓你受人歡迎。情商，是一種展現個人特質與魅力的說話氣度，可藉由後天的練習，從心性方面著手改變。本章提供溝通高手的情商修練法，對關係經營也同樣有效！

1 學情商，不是學虛偽

什麼是高情商？在一般認知中，高情商似乎跟「圓滑」畫上等號，高情商的人似乎為人處世一定虛偽得八面玲瓏。我不否認，有些看上去高情商的人，實際上是善於應對的雙面人。但正確來說，高情商不只會體現在處世技巧，更會體現在自我情緒調控，以及面對挫折時的行為反應。

跌倒了如果能自我激勵，迅速鼓起勇氣爬起來，此人就具備了一定的情商；反之，遭受一點打擊就悲觀厭世、自怨自艾，甚至一蹶不振，此人則情商較低。

現在所謂的情商，更常用於形容人際交往。例如好好說話、應對衝突，處理人際矛盾等，往往會用到某些交際技巧。而這些看似虛偽的技巧，卻讓很多人有苦難言。情商不高的人，會覺得自己做不到這些技巧，也不願意做，認為這不是自己的本性，做了就是虛偽。為什麼他們會覺得這些技巧虛偽呢？大概有兩個原因。

1. 如果你尚未掌握情商技巧……

在還沒成為你能力的一部分之前，運用往往很生疏彆扭。我們都知道，會哄另一半開心是男生高情商的體現。但如果還沒掌握這種能力，硬是去哄只會覺得彆扭，做也做不好。失敗幾次之後，你就會認為自己不是那種人，沒必要繼續做一些本性以外的事情，因為很虛偽。

可是，你在學會開車，開始玩《王者榮耀》，甚至自己學做菜之前，會把學習時的不適感，當作是在違背本性嗎？一定沒有！因為你知道，開車是你人生所需，玩《王者榮耀》你興趣所在，做飯是要滿足生理需求，這些能力有讓你掌握的足夠動機。如果動機不足夠，學習就會成為心理負擔，於是覺得不是在「做自己」；假裝努力學習會讓你有種不適感。對於能展現情商的人際交往技巧，也是如此。

剛開始學習新能力，一定會經過一段不適時期，這很正常，畢竟你還無法完全掌握、熟悉運用。當技巧已經內化成自己的一部分，做起來會得心應手，久而久之就不會有那種裝模作樣的虛偽感了。

2. 如果你覺得目前不需要情商……

有人會覺得，不開車就坐公車，不玩《王者榮耀》又不會死，不自己煮飯可以叫外送啊！這有沒有對錯？沒有，純粹是個人喜好。同理，如果你由衷認為高情商的社交技巧並不是自己迫切需要的，那就算很有用，你的潛意識也已經貼上了「不需要」的標籤。這樣一來，學習時會抱著抗拒與遲疑，又怎麼能學好？

人類是靠信念而行事的動物，信念的強弱會決定我們面對外界的方式。強大的信念讓人排除萬難、奮戰到底；微弱的信念讓人一遇挫折就自我懷疑，沒多久便偃旗息鼓、宣告放棄。如果認為沒有必要學習這些能力，自然無法掌握。結果，在實際運用時導致了上一點——因為生疏而有不適，感覺到自己裝模作樣的虛偽感。

基於上述這兩個原因，無法「發揮」高情商很正常。很多人可能會困惑，為什麼要學習的是我？為什麼是我去讚美別人？為什麼是我要說好話？我這麼照顧別人的感受，那誰來照顧我？我不開心的話，誰會鼓勵我？既然沒人在乎我，我何必傻傻的去主動學習所謂的高情商技巧？

有這些想法的人的情商還不夠高。為什麼？沒錯，照顧他人感受不是我們的義務，同樣，別人也沒有義務照顧我們的感受。然而，跟他人好好相處卻是一種選擇，是一種個人心理素質強大的證明，也是自我涵養的體現。沒意識到這一點，情商的提升就會受到阻礙。

情商進化之路的阻礙

還記得情商的定義嗎？懂得處理情緒，擁有對抗壓力與挫折的能力。當你自己都能激勵自己，能處理好負面情緒，應對生活壓力，這時你根本就不會「有求於人」，渴望有個人來給你勇氣和信心；如果一個人連自己的問題都處理不好，還要求他好好跟人相處，照顧他人感受與情緒，那確實很為難。

這也是很多人看了好幾本情商的書，卻還是無法提高情商的主因——內心還不夠強大。心理強大者根本不會奢望別人突然跑來，找到角落裡的自己，然後給自己一聲溫暖的安慰。他們絕對不會這樣想，而是抱持著這種心態：你能看出我的傷感，給予我善意的安慰，我由衷感謝你的關心；但如果你沒看出來也無妨，我自己可以處理好，不會讓我的負面情緒影響到你。

這樣看來，情商高的人都一副很偉大、很自虐的樣子。但這在他們的角度看來很正常，畢竟所有人都有壓力，會有失意、情緒不好的時候，不可能無時無刻都要他人分憂解勞。學會自己處理是人生的必修課，沒什麼大不了。

當一個人可以處理好自己的問題，知道如何梳理情緒，自然能挪出更多精力和善意，為了良好人際關係而做一些「照顧」他人感受的行為。心理強大者就算遭遇不公，也會恰當、合法地還擊，而不會只憑衝動，或躲在一旁不敢出聲。也就是說，心理素質不夠強大的話，才會在意「我這麼累，為什麼還要好好說話」、「我這麼難受，為什麼還要照顧他人情緒」、「他們為什麼都對我不好」這些怨天尤人的想法。

情商高的人，明顯特徵之一就是精神獨立性強，不會什麼都依賴別人。一個人能活得很好，只是有人陪伴會過得更好。沒有經歷世事的滄桑浮沉、體會人情的冷暖變幻，不容易練就心理素質。經驗過的人可以理解世俗的不堪，卻依然對生活保持熱忱；知道到人的劣根性，卻依然對人心存善意。不好理解嗎？例如，你明知另一半很任性，脾氣又不好，有某些缺點，但你相信他愛你，也相信他會為了變得越來越好，於是你便一如既往地好好對他——這就是情商。想做好並不容易，分寸和底線也很重要。那怎麼辨呢？

情商提升四法則

既然情商跟自己的心理素質有關係，那麼一邊讓自己經歷更多的挑戰，接觸不同的環境，以此來加強自己的心理素質，一邊有意識地鍛煉自己運用情商技巧，使其變成自己能力的一部分，結合兩者去鍛煉，這才是最好的方法。

提高自己的情商，可以從你的行為、說話、表現等來入手調整，不過這些只是外在因素，想要真正獲得提高，還得從內在因素著手改變。以下四個特質，你做得好與不好，會影響到我們如何提高情商的。

1. 增強原則靈活性

有一部美國電影《銘謝吸煙》（*Thank You for Smoking*），主角是一名菸草公司的說客，主要職責就是處理公司的公關危機，辯說口才非常厲害。有一天他的兒子問他，當個說客該具備什麼條件。主角回答：「要有一種超出大多數人的道德靈活性（moral flexibility）。」

簡單來說，就是不會拘泥一些道德框架，懂得根據客觀情況來變換。而對於情商而言，這個「道德」可以換成「原則」。很多情商不高的人都是非常「有原則」，還沒與人相處，內心就已經設定了許多框架，像是「我才不會主動打招呼」、「我說話就是這麼直接，不行嗎」、「我就是不喜歡說話，沒必要裝熟」，諸如此類。結果導致社交過程變得劍拔弩張、衝突不斷。

原則可以靈活變動，但底線不行。例如，「誰開玩笑傷害我家人，我絕對不原諒」是底線；「討厭別人開我玩笑，我也不跟人開玩笑」是原則。

怎麼區分二者？打破底線，會有非常不好的後果；而打破原則，也只是自己會有一些不習慣的感受而已。我相信所有人都不會將「不能殺人」看成是原則性的問題吧，這是作為守法公民的底線。

情商高的人，可以讓原則稍微靈活一些，不會太過僵固。他們說話機靈，會根據環境和對象應變。想要提高原則的靈活度，不妨思考一下，一直限制你運用情商技巧的是底線，還是原則。如果是後者，那就適當變通吧。比方說，你喜歡跟人爭論，現在稍微放下這個原則性的習慣，試試主動讚美別人！

2. 加深心理接受度

情商不高的人，心理接受度一般比較低，眼睛裡容不得一粒沙子。這種性格原本不分好壞。不過，人本來是一種不完美的生物，總是有缺點，不可能事事都讓你滿意。只要對他人的行為不滿，就很容易發生衝突。

上述的缺點，當然不是那種影響到他人正常生活的缺點。而是大家都各自有的、不會干擾他人的細微行為舉動。有些人說話比較海派，看起來沒文化，但其實內心很善良可愛、待人真誠。如果無法容忍這些小缺點，很容易關係就會搞僵。在路上不小心撞到人，通常說聲抱歉就沒事了，沒必要揪著不放。通常這種人的心理接受度不高，看什麼都不順眼，如果世界不按他的方式去運轉，就覺得世界對不起他，會不斷怨恨、不斷抱怨。

豁達的心胸可以讓心理接受度更深厚，得以態度平和地看待外界。這樣與人相處時，就不會有太多衝突或矛盾。使心胸開闊的方法只有一種：走出自己的小天地，接觸更廣闊的世界。見識多了，自然會知道哪些事物才重要。正如前文所寫，你看透了人的劣根性，那麼小小缺點也就不算什麼了。

3. 學會自我情緒調控

情緒對於情商的重要性不言而喻，連情緒都無法控制不了，自然也無法控制。我們總是把脾氣最壞的一面留給家人，最友善的一面留給陌生人，因為家人可能會無條件包容自己，但陌生人卻不會——這當然不好。脾氣誰都有，情商高的人很快就會自己找方法化解脾氣，而不是生悶氣，或者任由憤怒控制自己。

不開心的時候，可以寫日記來宣洩被壓抑的情感。日記是吐露心聲的樹洞，把鬱悶都寫在日記裡，心情就會隨之變好，還能藉此鍛煉寫作。

當你感覺自己有脾氣，就在心裡讀秒，不管家人、老闆對你說什麼，都在心裡默默地從一秒讀到十秒。這時，注意力會轉移到數數，而不在那些煩人的話語上。如果對方不懷好意，那當然要反擊；但如果對方不壞，發脾氣只會讓事情更糟。等事情告一段落，你可以找個適合的管道來發洩。我以前是寫日記，有時會獨自上街閒逛，甚至坐在公園裡安靜地觀察行人。

找到合適的方式宣洩情緒，脾氣就會開始變好，與人相處時更和善，內心也更強大，情商也會隨之提高。

4. 懂得隨時察言觀色

問答社群知乎上有個提問：你見過情商最低的行為是什麼？其中一個高票回答是：「你踢我幹嘛？」這涉及了察言觀色的能力——無法根據當下細節而選擇適當反應，很容易使自己或別人陷入尷尬。察言觀色的前提，是懂得識別他人的情緒反應。這一般都顯露在行為舉止，所以對此多加留意，很容易得知對方的心思。尊重他人的體現，即不馬上下定論，控制好說話的衝動，讓自己有察言觀色的緩衝期；設想自己的言行會對他人造成的影響。

察言觀色分為事前觀察與事後觀察兩階段。想想看，你一看到老前輩就衝上去說「喂，這麼巧，去哪裡啊」；看到不錯的女生就說「美女，你好漂亮，可以給我電話嗎」，這種話語沒有分寸，顯然缺少對他人應有的尊重。事前的觀察，是合理地設想後果，否則容易走入雷區、影響彼此關係；事後的觀察，是當你意識到自己誤入雷區，就應該立刻道歉，或做出其他應變來緩解尷尬。只要做到上述幾點，察言觀色的能力必然會增強。

刻意練習也有助於提高觀察力。下一次在餐廳吃飯，你可以坐著觀察其他客人，推測同桌者的話題、心情，以及彼此的關係，藉此鍛煉出犀利的觀察力。

2 情商用於溝通的技巧

每個人都會說話，然而並不是每個人都懂得溝通。溝通是一種技能！技能要花時間學習。如果說話是開車，那溝通就是在開車的基礎上更好的駕馭汽車。溝通的層級比說話更高，與我們的情商有關。

在中國社會，親子關係大多時候只有說話關係，會溝通的父母少之又少，通常只是將思想強加給子女，不顧及子女意願；而子女也不太懂得跟父母溝通，總是擺臉色、耍脾氣。在情侶之間，有些人動不動就刺激對方，一言不和就翻臉走人，以為在一起久了什麼都不用顧忌，所作所為都是理所當然。這些算是溝通嗎？通常只會將關係推向火坑。

上述都是缺乏情商的溝通。真正的溝通高手，善於跟任何人進行有效交流，掌握溝通上的技能、技巧與情商情商，無論何時都可以遊刃有餘。

情商高手的世界觀

卡內基說過：「怎麼說比說什麼還重要。」舉例來說，「你好討厭」這一句話，如果憤怒、快速地說會是什麼感覺？如果撒嬌、緩慢地說又是什麼感覺？前者是嫌棄，後者卻相反！因為用了不同方式說，因此感覺完全不同。奇妙吧？這就是語氣語調的作用。而語氣、語調、手勢、態度、說話節奏所組成的表達，即「非語言溝通」。

真正會說話的人，從來不將一句話直接說出口，而會經過非語言溝通的修飾。這個修飾即說的方法，則決定了溝通效果。想想看，說書人是否就這樣思考？

非語言溝通的影響力，有時比語言溝通大很多。你若熱情、慷慨、激昂，對方會感受到積極情緒；你若消沉、苦悶、煩躁，對方則會有負面感受。身體比嘴巴更能傳遞資訊。說一萬次「我愛你」都比不過一個深情的擁抱，笑容之所以能夠表現出友善也是同樣道理。

要成為高情商溝通者，首先要學習運用「非語言資訊」。受歡迎者的形象永遠都是自信、昂首挺胸，談話舉止也是落落大方、親切自然。這是成為溝通高手的第一步。有時候你想說的並沒有攻擊性，卻因為語氣、態度等非語言資訊，結果表現出另一種感覺，讓別人產生了負面觀感。

高情商的溝通者知道如何識別非語言資訊，以此調整溝通；並注意自己散發出的非語言資訊，以此塑造良好氛圍。有了這個基本概念，接下來才有可能進步。該從何做起？

1. 保持客觀，懂得聆聽

你現在擁有的人際關係，很大程度上反映了你的自我信念。正是這個信念決定了你的溝通力。一個偏執的人，溝通自然不講理，人際關係也就局限於某個小範圍；同理，一個豁達開放的人，溝通自然會包容、有同理心，人際關係會因此擴展。

不妨問問自己，你的自我信念是什麼？我們必須有「客觀中立」的信念。每個人的成長經歷不同，價值觀和性格也不同。如果溝通時不能客觀中立，人就會變得自我、固執，此時去歸結對他人的評價，最終的溝通結果也就很糟——除非談話的對象並不值得我們客觀中立地對待。

要知道，大腦善於「腦補」。舉例來說，有個男生拋棄了女友，跟另一個女生變得要好。一般人看到這裡怎麼想？可能覺得男方是個三心二意的渣男。但先別急，真相或許是男方不滿女友在外面的曖昧關係，生氣之下就分手了，療傷期間碰到另一個女生，對方不斷關心，於是兩人便在一起了。

人類的心理機制就是如此，喜歡「歸因」，但由於資訊往往有局限，當大腦找到一個可以解釋的淺層原因之後，就不會再去尋找那個真正的深層原因。另一半不回訊息，我們腦補的「不愛了」或出軌情節也是一樣道理。正因為人腦有這種特質，所以當資訊被自己的大腦加工，甚至透過口耳相傳，通常已經大幅偏離事實。用這種扭曲的資訊與人溝通，則容易造成誤會和衝突。

同理，我們表達的資訊不完全、不準確也容易產生誤會。表達不充分，理解不完全——情侶爭吵多半肇因於此。也因此，只要對人與事還不完全清楚，就要客觀中立看待問題，切勿妄下結論。這還必須抱持尊重，懂得聆聽，別逞口舌之快讓溝通陷入了僵局。

2. 敢於破冰，製造話題

沉默有時是很有用的工具。挑對時機閉嘴，會比口不擇言更能獲得信賴。但沉默在多數時候無法帶來良好的人際關係，所以還是要學會打破冷場，主動尋找話題。

我知道不擅長打交道的人有很多，害怕開口說錯話，把氣氛搞壞。這是因為預先假設了自己與別人接觸會有不好的後果。如果一個人不斷在內心進行負面的自我暗示：她是不是對我沒興趣？突然開口是不是沒禮貌？他看起來冷冷的，不理我怎麼辦？這些負面暗示會制約我們說話的勇氣。其實換個角度，別人又何嘗不是這樣想？如果雙方都這樣擔憂，沉默帶來的氣氛不也同樣令人難受嗎？反而主動破冰的感覺可能會更好。

製造談話的技巧之一，是善於觀察，從對方身上尋找素材。對方捧著一本書，那你可以順著這本書來交流；別人高興，你可以談談這種高興的感覺。換句話說，要從別人的「詞彙」來衍生出話題，圍繞著話題來進行溝通。以「學習」這個詞為例，可以衍生出讀什麼書、念什麼學校、對教育的看法等；之後還可以延伸到學習以外的興趣愛好，像是平常做什麼運動、看什麼電影、去哪裡旅遊，諸如此類。這樣話題就會源源不絕。

要特別注意的是，我們不能一直當個發文的角色，否則會像是在戶口調查。所以在別人回答之後，要適時分享看法，談一談自己的感受。這種補充和情感交流，會讓對方放鬆和信任，且更樂意與你溝通。學習主持人的溝通方式——善於控制、引導話題，多聊些對方感興趣的事，專心傾聽、適時回饋，切勿一味談論自己。高情商的人，永遠都不吝分享「話語權」，有來有往才是最好的溝通。

3. 直面衝突，處理矛盾

跟另一半吵架該如何應對？大聲罵回去？生氣丟東西？還是逃避，使用冷暴力？相信我，消極被動的方式只會讓情況變得更糟。該如何做呢？答案只有一個：坦誠地表達你的感受、想法和願望。當然還需要積極主動的「非語言溝通」為前提。先要控制情緒、冷靜下來，再嘗試溝通。

可惜的是，大多數人不善於直接表達感受和需求。女生擺臭臉不說話，是為了讓男生知道自己不開心；男生突然說話暴躁，是為了讓女生知道自己的不滿。問題是，何不試試直接說出原因呢？反而希望對方能如自己肚子裡的蛔蟲，知道自己一切想法，這可能嗎？但簡單一句「你這樣做讓我很不開心」就可以表達了。

有些衝突無可避免，畢竟每個人都是不同個體，就算在一起也會有很多想法和觀念不同。處理衝突的方式則會決定了雙方的關係。這個意識是必備的——一切的衝突，都是為了解決問題。假如用了一種方式，結果無法解決，甚至讓問題惡化，那麼這個方式就是錯誤的。像是忍耐、逃避、推卸責任等等。在這個意識的基礎上，我們才能選擇其他更合理的解決方式。理性地說出感受與想法之後再協商、調適，彼此做出妥協，獲得雙贏，才是高情商的處理方法。

3 如何拿捏分寸才會恰到好處？

交流時，人們多少會遵循著某個說話的準則。這個準則無形中決定了該說什麼、不該說什麼；怎麼說比較好、怎麼說不好。這就是所謂的「分寸感」，建立在彼此尊重之上。我尊重你，所以我的話語不會傷害你的自尊，我的行為也是一樣。教育程度高的人都很好理解。

不是所有人都能掌握分寸。假如有些話必須說，但為了讓人接受又不能說得太生硬過分，這時怎麼辦？分寸拿捏不好可能會傷到雙方情面，小事的星星之火最後卻可以燎原。差別就在情商！說話是一門藝術也是這個道理。同樣是批評，直接說「你太蠢了」，跟婉轉地說「你還需要努力一點才行」，後者當然悅耳一些。但在親子或情侶關係中，原本融洽的關係總是因此搞砸。究其原因，就是忽略了分寸。覺得自己的地位比較高，能力比較強，或閱歷比較豐富，於是缺少尊重，自然就沒了分寸。

現代社會所謂的尊重，往往尊重的是你的社會地位、身分層次、金錢財富，而不是尊重個人尊嚴。只要知道你不如我，我就能看不起你，跟你說話就不用講究，想罵就罵，不用客氣——我們能改變這種情況嗎？不能！我們只能提高自我，成為一個有價值的人；只能在社會建立起自己的價值，才能夠獲得尊重。

以上述為前提，當我們自身的價值尚未提高到某種程度，那麼可以根據自己當前的地位，有三種尊重別人的分寸：上對下，中對中，下對上。對於社會地位較高、相同或較低的人，我們表現的分寸感是完全不同的。老闆和員工交流可能是位高者與位低者的賽局；情侶相處可能是平等的賽局；孩子和父母則可能是位低者跟位高者的賽局。所有人都會根據自己與對方的親疏遠近，來調整模式，而賽局的結果就是分寸感的展現。

父母打罵小孩所展現的分寸，也許是控制。如果父母將孩子當做平等的個體，就不會只靠打罵來教育，說不定會更尊重小孩的想法和空間。從「再不寫作業，就把你吊著打」變成「孩子，快寫作業吧，寫得好，過兩天帶你去遊樂園玩」。

至於情侶之間，如果有一方覺得高人一等，另一方只是附屬品，那麼原本平等的個體，可能會出現位高者對位低者的權力展示。這種分寸感很可能帶來衝突。對話會從「親愛的，我有點渴，幫我拿杯水來好嗎」變成「快給我拿杯水過來，沒看到我口渴嗎」。尊重就是平等，而說話分寸則是基於平等。如果認為自己地位比服務生高出一等，說話自然不會在乎分寸，而會開口就「服務生，快來倒茶」這麼粗暴直接。

很多時候，我們說了一些不該說的話，是因為腦中對於人與人之間的定位概念不清晰，以為可以用同一套說話模式來對付任何人。童言無忌，我們或許可以原諒，但成人必須謹言慎行。

如果社會地位、能力層次比他人高，自然是由自己掌握說話的分寸，不用看別人臉色。這時選擇平等待人，用溫和謙遜的話語與人相處，就是修養的體現。換言之，拿捏分寸就要根據對方的接受度。不管面對戀人、朋友、老闆、父母、明星、服務生、計程車司機等，都記住三點：

1. 以尊重對方為前提說話，盡量避免言語傷及對方。就算是熟人之間開玩笑，也要掌握尺度。

2. 用一種符合彼此身分，卻又相對平等的態度來待人，不卑不亢，切勿說出越界的話。不因為對方層次較低就藐視；也不因為對方地位較高就卑躬屈膝。

3. 社會地位和財富一定會影響人的性格思想，從而造成不同的話語接受度。要根據對方的接受程度來調整自己的語言。

當然，最後還要知道，對於不值得尊重的人，我們之所以好好說話，是為了要表現出該有的修養和風度。我也主張，該反擊時一定要毫不猶豫地反擊，因為這也是對自己的一種尊重。

4 展現同理心：別當句點王

與人聊天，最忌諱讓人「啞口無言」。明明氛圍融洽，你不過說了一句話，氣氛馬上轉變，尷尬感隨之而來。例如：

A：「我剛剛理了新髮型，你覺得怎麼樣？」

B：「你不是有掉髮問題嗎？頭髮都快沒了，還去理髮啊？」

A：「我之前看報紙，發現現在房價比較放緩，沒之前漲得兇了。」

B：「你看這些幹嘛？再便宜你也買不起。」

A：「聽說你很厲害，以前參加過各種活動，有豐富的社會經驗……」

B：「嗯。」

有時是情商不夠，性格直爽；有時是無心之失，說了不該說的話；有時是用錯表達方式，不懂修潤語言。容易把聊天堵死的人，一般有內外兩種原因。內在，認知同理心失調；外在，話題失焦。下意識改善這兩個地方，學會讓人接話才能提升關系。

什麼是認知同理心失調

我們都知道，不懂說話的人主要是因為情商，情商則涉及到認知同理心。在認知同理心失調的情況下，人們很容易會說出不該說的話。

認知同理心（cognitive empathy）是同理心的一個類別，指我們用於理解他人世界觀的心智模式，能讓我們了解他人的想法、焦點、觀點和言談舉止等。認知同理心較高的人，注意力就會集中在他人身上，留意對方在乎、厭惡、不願聽聞哪些事。相反，認知同理心較低的人，認知注意力多半放在自身，只看表面，認為事情是這樣就是這樣，想知道什麼就打聽什麼，毫無顧忌。一般而言，認知同理心會趨於穩定，若無特別意識到，低認知同理者很難一時改善。前者受人歡迎，後者則受人厭惡。

當認知同理心因為環境、對象、情緒等因素而有變化，失調就很容易發生。明明上一句還很恰當，下一句就句點了。想想看，面對朋友可以暢所欲言，說什麼都毫無顧忌，而面對不太熟悉的人，認知同理心則會失調，因為不知道如何聊天才能夠大方、得體、成熟。提高認知同理心必須注意兩點：

1. 轉移認知關注點

關注點放在哪裡，哪裡就是案發現場。什麼意思？舉例來說，有些男生約心儀對象吃飯，為了表示誠意會請客。但結帳時，如果女生客套地說：「分開付吧，免得你花錢。」男生說「也行」的話，那可能就句點了。因為男生將關注點放在字面意思，卻沒意識到對方也許不好意思欠你，為了減輕愧疚，所以提議分開付。

認為自己是對的，聽不出言外之意，沉浸在自己的關注點上面——想要改變這個狀況，就要轉移關注點，把「自認為」轉移到「他認為」的關注點上。例如髮型的例子，朋友問：「我剛剛理了新髮型，你覺得如何？」你的關注點是朋友有掉髮問題，他又在這個情況下去理髮；但朋友的關注點，卻是希望你評價新髮型，說說意見。當你無法透過對方的關注點去回答，而用自己的關注點取代，這就是認知同理心失調。

站在他人的關注點看問題，不僅是高情商的表現，更是尊重的體現。如果擔心言行會讓他人不快，就要學會找出對方的關注點，並將自己的關注點轉移過去。若是找不到，就透過問句來獲取資訊。

2. 避免成為揭露者

容易句點別人的人，對話時往往都是一個「揭露者」的角色。什麼是揭露者？就是把關注點放在對方在乎、想避開的地方，甚至把這些地方揭露出來。

正所謂「哪壺不開提哪壺」，揭別人傷疤，很容易說錯話。例如你在路上看到朋友跟一個女生逛街，你熱情寒暄幾句，便問女生是誰。朋友回答是女朋友，你卻說：「哇！又換一個啦？你這傢伙真厲害！」還拍拍朋友肩膀表示讚美。這種發言沒有站在對方的關注點，反而去揭露別人在意的地方，尷尬也是自然而然的事了。

前文理頭髮與買房子的例子，就是屬於「揭露者」的回應，非常讓人討厭，不管是不是蓄意，揭露不好的地方都會讓人生厭。朋友高興地說：「我之前面試的公司錄取我啦，好開心！」你卻淡淡地揭露：「又不是五百強企業，有什麼好開心的？繼續努力吧。」閨密給你看跟新男友的合照，你卻揭露：「他怎麼這麼矮啊，怎麼認識的？」這就是認知同理心失調的揭露者。想要避免成為揭露者，除了要轉移認知關注點，也要懂得「明知不故問」。就是明明知道事實，卻故意不提出來。

你可能會問：這不就是虛偽嗎？

完全不同。虛偽是表面說一套，背後說一套，人前人後說的不一樣。但「明知不故問」，是知道卻不故意提出，站在對方的關注點去說話。朋友給你看跟新男友的合照，你看到「這個男友矮」的事實，但你不提這個話題，而是說：「真的嗎？那太好了，你終於擺脫單身了！趕快說一說，你們怎麼認識的？」這就是好的做法。如果朋友正經地問：「你覺得他怎麼樣？」也許有人會回答「有點矮」，但這也屬於揭露，除非對方主動提起這個缺點，那就可以討論。否則真正高情商的回答，應該是：「我覺得他怎麼樣並不重要，重要的是你覺得他怎麼樣，還有他對你好不好。如果他對我的閨密不好，他就算好我也不會放過他！」

別以為關係親密就可以當個揭露者，否則感情只會越來越疏遠。自大者喜歡揭露別人，以此得到優越感；自卑者也喜歡揭露別人，以此顯示自我價值。用一顆平常心去看待世界才能避免成為揭露者。

話題為什麼會失焦？

冷笑話為什麼「冷」？就是因為話題的焦點失焦了，沒有集中在應該集中的地方。例如：四大發明的英文怎麼說？答：Star Farming。明明話題應該聚焦在正經的英文翻譯上，卻在中文諧音的英文上，這種話題失焦容易讓人無語。

雖然這些思維錯位導致的話題失焦，有時是引人發笑的一種機制，運用得當可以加分。但多數時候，失焦會影響談話的流暢度。因為你無法保證所有人都聚焦在同一個話題上，於是變成「雞同鴨講」，說什麼都沒意思。

你明明說這件事，但對方一直回應另一件事，答非所問。這是典型的話題失焦，沒有集中在該集中的地方。為什麼會失焦？有兩個原因：

1. 沒有充分理解話題

我們一般會根據環境、場合和對象來調整談話，這是認知同理心高的表現。假如對方輕鬆自在，隨便閒聊、開開玩笑都很正常；但對方情緒低落時，如果還繼續去開玩笑，說一些無關痛癢的話，而不聚焦在緩和對方情緒，那麼談話就會陷入尷尬。

無法根據客觀情況而理解要談論的話題，自然容易失焦。正因為無法理解，於是找不到回應點，最後不是無話可說就是敷衍了事。例如本小節開頭的第三個例子，別人說了一大堆，你找不到回應點，只能簡短回答「嗯」、「哦」、「好」。除非你想結束談話，否則這很難繼續聊下去，從而陷入冷場。解決之道就是找出話題點，然後予以擴充。如果你不知道話題點在哪，不妨直接表明不理解，對方通常會很樂意換種方式再說一次。

找到話題點還要懂得擴充，這樣才會有話可說。

「聽說你以前很厲害，參加過各種活動，有豐富的社會經驗……」如果你不知道對方的目的，就直接問：「你說得沒錯，但你為什麼這樣說呢？」對方回答你，交流於是一來一往地進行。有了前後文的語境參考，你發現對方是希望找你一起工作，於是有了這個話題點，無論你願不願意，都可以藉此擴充內容去回答，給出看法和理由。想要有話可說，有天可聊，要先充分理解話題表達的中心點，然後接著擴充這個點的內容，這樣就不會句點了。

2. 沒有設想過其他人的反應

上一點是要設想自己的回應。但我們說出來的話，也要設想別人會如何回應。懂聊天的人，在開口前會設想好自己的話會讓對方有什麼回應。缺少這種設想，話題則容易失焦。

有些人會尬聊、冷場，正是因為沒設想過自己所言會讓對方如何回應。例如，一個男生想跟一個女生做朋友，以下幾種開場白會導致什麼感覺？

A：美女，一個人嗎？做個朋友吧！

B：你好！你長得好漂亮啊！可以做個朋友嗎？

C：不好意思，打擾你一下。剛才經過看到你，覺得你的氣質很好，所以冒昧過來打聲招呼，希望跟你做個朋友，可以嗎？

排除其他因素，C的方式表現得比較真誠，所以比較能繼續聊下去。記住一個法則，想避免尬聊，說話一定要給對方預留回應的空間。假如說完自己想說的話，對方卻沒有回應空間，結果就會句點。很多男生想對女生表現幽默，往往會問一些所謂的撩人幹話。例如，「知不知道，為什麼妳這麼容易被曬黑？」、「為什麼？」、「因為一直有我罩（照）著妳啊！」這種話要如何回應？說是，還是說不是？這也不是不能說，如果發現對方無法回應，就應該再補充一些讓對方回應，例如：「這個笑話好笑嗎？是不是太爛了？」

說話前一定要設想回應空間。如果有，對方才可以順利聊下去。別以為想說什麼就能說什麼，要盡量讓對方也能回應，像是他所關心、感興趣、樂意分享或是能夠談及的事情，諸如此類。

提高認知同理心，學會轉移關注點，並在充分了解話題的前提下擴充話題，而且擴充的內容還預留回應空間——這樣一來自然就能好好聊天。

5 改善關係的男女溝通之道

有跟異性溝通經驗的朋友都深有體會，為何跟異性溝通如此困難？明明說東，對方卻理解成西；明明回答得很正常，對方卻一直誤會自己。

因為男女的溝通模式不在一個頻率上，大腦的關注點也不一樣。如果彼此沒有共識，就很容易有衝突。男人的大腦關注傳遞資訊，像是「今天我要加班，會很晚回家」、「朋友約我出去，我今天不能陪妳了」；女人的大腦則關注傳遞情感，像是「今天要加班，要很晚才回家，好不開心啊」、「朋友約我逛街，今天陪不到你了（委屈的語氣）」。

女人表達內心感受，有時會用比較誇張的方式。男人解讀這些話語時，如果只看字面就會產生理解差異。例如，女人因為男人忘記自己生日，所以抱怨：「你從來都沒愛過我，竟然連我生日都忘了！」這時男人把「從來都沒有」理解成「從頭到尾都沒有」，於是反駁：「我去年不是記得嗎？哪裡不愛了？」結果由此開始爭吵。

比起男人，女人簡直是天生的修辭家、語言學家。事實上，女人的語言能力比男人強多了，使用豐富的語言，擅長用各種誇飾、隱喻甚至是諷刺來充分抒發情緒；男人則簡單許多，表達相對直白，是如何就如何，通常著重於傳達資訊、表述事實。

男人跟女人說話時如果懂得修飾，我相信大部分會很受用。就算女人表面上說「我不喜歡油嘴滑舌的人」，但如果偶爾說些讚美的話，伴侶的關係一定會「蒸蒸日上」。異性的溝通一定包含了性別的特質，模糊、冷漠都是情感最大的障礙。女人很容易抱怨：「你根本沒在聽我說！」男人其實不是沒在聽，而是無法理解女人真正想要的，如果聽得懂對方的需求，自然不會就事論事討論，還講道理爭起來。其實只要順著女人的感受給予關心和安慰，通常就不會發生爭吵了。

整體而言，男人重邏輯思考，女人重情感表達，在溝通時一定要注意到這個前提。

女性的表達心理

如何讀懂女人的話語，並及時提供安慰和支持？這是男人最煩惱的。為什麼幽默的男生會受歡迎？因為他們著重的不是解決問題，而是改變女人當下的心情。問題可以之後再談，但心情才是天大的事！

男人如果幽默風趣，女人就算煩惱沒有解決，內心一樣開心和喜悅。臉皮厚的男生就有這種優勢。要明白女人的煩惱，首先要知道女人說話的背後情感。她們喜歡用籠統、概括的語言來表達情感，從中暗示需要關心或體貼。她們不會直接說，「你跟女同事出去吃飯，我很生氣，我不喜歡你這樣」，只會變換各種句法：「好啊，你就去吧，我又阻止不了你。」如果照著字面意思去理解，後果想必會更嚴重。沒錯，女人喜歡含蓄地表達自己，讓人費心猜測心思。只要男人聽不懂，爭吵就來了。女人開口不外乎以下幾種原因：

1. 傳遞資訊或收集資訊
2. 表達自己的感受，讓別人關心自己（女生喜歡聚在一起，就是因為女生都懂這個道理）
3. 建立親密感，與他人分享內心的情感
4. 在說話時梳理自己的邏輯

有些時候，女生並不容易從頭到尾完整、有邏輯地述說一件事，往往是邊想邊說。由於以情感主導表達、以情緒帶動說話，所以在與女性溝通時，應該記得不能單從字面上理解話語，應該試著弄懂言外之意。另外，也要透過語氣、表情、行為舉止來判斷她們背後的情感。

男性的表達心理

男人的表達，是以解決問題為導向的。通常會有一個明確的目的。意思不是男人不注重自己的感受，而是他們更願意放在心裡，很少跟別人提起。就算跟好兄弟也只是在喝酒、放鬆時才會說出來。

也因此，男人遇到問題時，往往喜歡去解決。解決不了，也要用一種非常邏輯化的思維去理解。如果另一半抱怨工作太辛苦，經常加班，男生大多會回答：「辛苦就不要做了，不開心就辭職。」但或許對方並不想辭職，只是單純想抱怨一下工作帶來的感受。如果角色互換，男生抱怨工作太辛苦，女生大多會關心並給予安慰，希望對方不要不開心。女性著重在不開心的原因，而不是給予解決方案——可能會提到，卻不當作重點。

因此，男人遇到問題時，會陷入思考解決問題的世界裡，往往變得沉默寡言，非常需要獨處空間；這時如果女人不理解這種苦惱，還質問對方為什麼不理睬、忽略她，還發脾氣，無視男人自我調整的過程，那麼男人就會煩上加煩，從而引起更大的衝突。女生喜歡表達感受，所以希望另一半也分享自己的感受，而男人卻喜歡把情緒悶在心裡，自己一個人扛——這種迥異的思維，如果不能互相理解，溝通自然更不順利。

此外，男人在思考問題的時候，就算想關心他，也不要在他主動提起之前就為他出主意、教他怎麼做。男人最討厭嘮叨地指指點點，這是一種忌諱。男人並非不願分擔困擾，或希望得到有用的意見，只是必須在他自己想不出結果的時候，才會想到陪伴在旁的另一半。他最後可能會稍微問問另一半的建議，而最後拿捏決定的，還是他自己。

如果一遇到問題就徵詢意見，對於男人來說，不但沒有主見還容易讓人輕視。所以看到男人悶悶不樂，你當然可以關心他，但更重要的是為他打氣，給予鼓勵、分擔煩惱，而不是以愛之名去打擾他。

問題是，假如無法拿捏好想法的尺度，衝突就會自然發生。這時又該如何溝通？

自己的價值，自己定義

心態會影響語言表達。面對一個價值高於自己的對象，可能是俊男美女，又或者社會地位較高，一般人說話會放不開；而面對價值較低的對象，說話會容易許多。處於不同的價值狀態，聊天也會有不同結果。例如，對方突然傳訊息約你明天看電影。三種不同價值的你會如何回應？

1. 價值低於對方：可以啊，當然好，你想什麼時候看都行！
2. 價值跟對方一樣：好啊，不過怎麼無緣無故約我看電影？有什麼陰謀？
3. 價值高於對方：跟你看電影？為什麼？我沒空啊！

想想看，面對價值較高或較低者，我們是不是多少都有這種感覺？但在交談上，無論價值如何，這些狀態都不利於正常溝通。只有在雙方價值差不多的狀態下，或者一方抱持「不卑不亢」的態度，才不會出現誰看不起誰、誰仰慕誰的情況。否則很難在愉快、融洽、平等的狀態下去聊天。

不卑不亢需要良好、甚至強大的心態，不能被外表影響思緒，也不能因為對方的某些缺陷而心生鄙夷。少了這種心態，就會導致你無法正常跟異性交往相處，想聊天也不敢開口去聊。

如何培養這種心態？

A. **提高個人價值**。打扮得體，自信十足，而且經濟又獨立；從內到外強大起來，散發出迷人魅力，還擁有立身處世的各種能力，不讓人輕易鄙視。這樣雙方才有「談判」的價值。

B. **選擇與自己價值觀差不多的對象**。癩蛤蟆想突然吃到天鵝肉太不實際，這種運氣不是天天有的。培養價值相當的聊天能力，有了這種底子，未來才能進一步跟高價值的人相處。

C. **豐富自己的閱歷，多接觸不同身分的人**。如果知道一般人的生活如何困苦，也知道高價值的人如何處世，對於世界會有深刻認識，這樣一來，置身在其他地方也能自然控制情感，心如止水，不被其他人影響到表現。

不卑不亢的表達方式

心態會影響語言表達，反過來說，語言表達某個程度也會反映出心態。所以，要做到不卑不亢，除了自信等內在修煉，語言、句法的選擇也十分重要——懂得運用能展示這種姿態的句式，來包裝你的思想。

與異性一開始接觸，通常只憑表面印象來判斷對方的價值。其實這種判斷非常主觀。長得好看的人，或許說話很沒文化，也可能思想齷齪。只憑表面很難看出這些線索。所以如果只憑表面印象，就斷定自己的價值不如對方，從而不敢聊天，當然做不到不卑不亢。使用的語言很可能受到心態影響，選用了一些低價值的句式。結果是，我們的低價值印象就深植在對方的腦海中。

前文三種價值的回應分別是什麼感覺？顯然，中間句式的表達更像朋友聊天，也更自然舒服。聊天如果不注意選用的語法，印象很容易就會搞砸。例如，你想約對方看電影。

低價值是「這個星期天能否跟我看電影？我好想約你看一次電影」；高價值是「喂，這個星期天出來陪我看電影，我買好票了，記得出來啊」；不卑不亢則是「你這個星期天有沒有空？最近那部電影好像很好看，有空的話我們一起去看！」

如果對方拒絕，低價值的回應句式是「那你什麼時候才有空呢？我可以等你的，沒關係，什麼時候我都方便」；而平等價值則是「是嗎？那沒關係啦，等你有空再約吧，反正有的是機會」。看出差別了了嗎？平等語法是否更大方自然、乾淨俐落？而且即便被拒絕，也表現出「無所謂」的態度，不強求，這種聊天姿態不會施壓，所以更容易成事。切勿跟異性表露出「求」的姿態，除非有要事相求，否則都要下意識用這種不卑不亢的句法。

要注意的是，如果一開始你已經給了對方不好的印象，那什麼語法都沒有用。你需要花很多心力才能扭轉局面。所以，盡量展現自己的高價值，或保持不卑不亢的態度，以此來構建第一印象。在剛開始的接觸選用「大方」、「自然」、「無所謂」等句法。之後偶爾適當發揮幽默感——這可以體現出自信心、思維敏捷和反應能力、價值，是一種很好的表達選擇。這樣一來，後續相處才有變好的可能。

滿足雙方需求的聊天策略

聊天也要講求策略。運用得好就得心應手，反之則矛盾不斷。有一篇文章說明了左先生和右先生對於另一半的反應。文章指出，不同男人在處理問題上的表現不同。左先生代表口頭關心，會說像是「多喝熱水」這種話；而右先生則是行動派，無時無刻都在表現行動。文章的結論是「妳可以跟左先生談戀愛，卻一定要跟右先生結婚」。

然而，現實生活中很難完全把這兩種人分得一清二楚。有些人在某些時空下可能是左先生，但換個時空，可能卻是右先生。這不一定涉及品性問題，而是關乎聊天。

如何聊天，是一個策略選擇問題。我們該如何選擇？答案是，了解對方需求，然後根據需求針對性地滿足對方，即策略的運用。當你意識到對方想要你的讚美，就選用讚美句式，不要說其他的；對方希望得到安慰，你就給予最真誠的擁抱，不要講任何道理。

根據對方的需求聊天，如果對方遇到車禍，這個對話應該這樣子。

「我出車禍了。」

「怎麼突然會這樣？妳有沒有事？有受傷嗎？」（滿足被關心的需求）

「我沒事，只是被追撞，車尾凹進去一點點而已。」

「最重要的是人沒事！現在的人都亂開車，以後要注意一下。」（滿足需要安慰的需求）

「知道了。」

「那妳有沒有找警察和保險公司？」（了解對方解決問題的需求）

「沒有，我不太會弄這些……。」

「來，告訴我車牌號，我現在給妳處理。」（解決問題的表現）

這個例子是同時一氣呵成將左先生和右先生的角色都完成了，既暖心地滿足對方想被關心的心理，又可以替對方解決問題。這樣會讓雙方都滿意。不管是男生或女生，懂得如何好好說話再輔以行動作為解決方式，就是一個合格的溝通者。

6 實戰練習：高情商談話八法則

懂說話的人情商一定不低。觀察一下周遭的社交高手，他們是不是都懂得高情商地談話呢？所有人與人的交往，不外乎兩個目的：一是情感上的歸屬，二是利益上的來往。但很多時候，這兩種目的並無法單獨實現。

例如，你在心情不好時希望有朋友安慰，所以平常就不會跟朋友太計較利益。如果你聚餐都不買單，出去只負責享受，那麼朋友也很難在你傷心時投入感情關心你。無論是出於哪個目的，想要獲得和諧而有力的人際關係，高情商必不可少。而在所有高情商行為中，談話又是重中之重。以下是高情商的人通常都具備的八條談話法則。

法則一：談論對方感興趣的話題

每個人都喜歡談論自己的事情。如果你傷心時渴望朋友安慰，那麼你看到朋友傷心，會不會主動去安慰呢？站在對方立場去看待問題，就等於擁有了高情商的談話能力。

別人最需要表達的地方，也就是他們最感興趣的。你發現朋友正苦於不會寫作，你卻走過去，跟他聊起了你感興趣的經濟發展，這樣對方願意搭理你嗎？就算願意，也可能一兩句之後就快速結束談話了。

許多人往往苦惱於不知如何跟人打開話匣子。其實，談論對方感興趣的話題就能解決了。反之，只顧談論自己感興趣的，則很容易導致大家尬聊。從寒暄開始，然後談論對方感興趣的話題，其間穿插自己想談論的部分，一來一往，談話就能形成良性循環。如：

「小智，這麼巧啊！最近在忙什麼？」

「沒有啊，都是上班下班，回家睡覺。」

「這麼無聊？沒去玩嗎？」

「不知道玩什麼，日子苦悶。」

「你不是喜歡看電影嗎？去看個電影啊，今天上映那部科幻電影，我覺得很適合你去看。」

「真的？是什麼電影？」

「《頭號玩家》，是在說ＶＲ遊戲世界裡發生事。我還沒有看，不過已經買了今晚的票。你這種理工男，說不定比我對這類電影更有興趣。」

「居然有這種事？那我也找時間去看看。」

法則二：談話傾注熱情

誰都不喜歡面對言語、態度都冷冰冰的談話對象。說了一大堆，但對方只冷冷地回應一兩句，任誰都沒心情聊下去。情商高的人說話時會表現出足夠的興趣，渴望跟對方聊天，願意從對方身上獲得某些啟發。於是說話期間，都能保持充滿好奇心的熱情態度。

但這種熱情態度並非人人能做到。很多人以為「願意回應」就是熱情的表現，但其實還遠遠不夠。行為上的熱情，還要加上言語上的熱情，才能構成對別人感興趣的態度。也就是說，話語中滲透出的情緒要像是看到好友般，才能激起愉悅氛圍。試想一下，若是將談話對象視為一個討厭的人，聊天會朝著好的方向發展嗎？必然不會。面對心儀對象時，如果一副遮遮掩掩，完全放不開的態度如何能進一步發展？對方都搞不清楚你的想法！

想透過談話建立情感關係，讓別人願意跟我們相處，就要先對對方感興趣，問一些關心他們的問題，設法取得共鳴。這樣談話才能顯示出高情商的特質，人際關係才會更加順利。

法則三：讚美別人

懂得根據對方的特質去讚美，是一種高情商表現。由於人性，每個人都喜歡被讚美，就算有個人高喊「我不喜歡別人讚美」，只要跟他說：「你這種思想很明智，不會被別人的讚美衝昏腦袋，果然有見地。」對方聽到你這麼說一定會很滿意，因為他被認同了——這就是讚美。讚美是一種認同，而反駁則是一種打壓。前者是構建和諧人際關係的重要因素，而後者只會破壞情感。

當然，你可能會覺得，隨便讚美他人會顯得自己很虛偽呢？這裡有個前提：你的讚美最好是別人具體而且看得出來的地方。例如，「你真是一個好人」、「你真的很聰明」，這種話說多了會讓人覺得虛偽，效果也不好。但如果具體地去讚美，「小馬，我之前在街上，無意中看到你扶一位老奶奶過馬路，沒想到你是這種好人，很棒」，對方聽見想必很開心。

如果跟對方還不熟悉，也可以從對方的言談舉止、衣著打扮，還有背後成就開始。例如，「聽你說話，感覺得出來你的思想深入，分析能力很好，表達清楚，看來你平常一定很喜歡閱讀」、「你好，李先生，很高興來跟你見面。我之前聽聞你憑自身能力，把公司的業績提升了幾個百分點。你這種能力讓我們這些年輕人很崇拜，請問你有沒有能分享的經驗呢？」這些讚美，就是切合對方真正存在的個人特質，一點都不會讓人覺得虛偽。

每個人都有自己的亮點，你要做的，不過是把對方的亮點找出來，再用自己的語言表述。記住，讚美的地方一定要是亮點，如果稱讚胖的人有福氣，那就糟糕了。

法則四：自我揭露一些缺點

誰喜歡跟高高在上、完美無瑕的人交朋友？如果一個人出現的姿態非常嚴肅、正經，給人很多壓力，那一般人除了敬而遠之，也很難跟他進一步建立關係。如果我們是這種人，別人又怎麼會願意靠近？

很多人以為跟人相處，一定要留下完美無瑕的印象，一點小錯誤都不能犯。但這種心理不但會對自己造成巨大心理壓力，還會感染對方，讓接觸到人一樣有坐立不安的壓抑。反應在行為上，除了不敢隨便說話，還會言談舉止看起來很做作。這種狀態會影響交往。據說，有位很受學生歡迎的大學教授，別人問他為什麼。他說：「很簡單，我上課時為了弄好氣氛，會故意把一些成語和字詞念錯，還一臉無辜。不可能發生的事情，卻用一種滑稽的形式發生了，同學們就會覺得好笑。」教授都可以袒露自己的「缺點」來營造氣氛，更何況我們普通人呢？

偶爾開一開自己的玩笑，自嘲一番，別人會覺得你很可愛。有時就算不小心說錯話，主動道歉事情就解決了。為了面子而執著地辯駁，反而顯得太霸道。適當自我揭露小缺點，開玩笑說「其實我最近有掉髮，不要盯著我的髮際線看」，或「要去唱歌啊？我是人稱『五音不全』的歌手，你們不怕嗎」，這種聊天可以解除對方的防備心，於是讓聊天輕鬆進行。這才是高情商做法。

法則五：寬以待人

是不是有些人總愛對別人的做法指指點點？不管做得如何，他們總會抓著不好的地方大放厥詞，這樣做不好、那樣做不行，好像怎麼做錯。你有過類似感覺嗎？

愛對別人的行為指手畫腳的人，往往過於自我中心。一旦別人沒有按照自己期待的，就會開始絮絮叨叨，眼裡容不得一粒沙。用這種思想面對工作挑戰或許很好，畢竟工作要盡善盡美，但如果用這種思想與人交談相處，那很容易會有衝突——每個人都自有處事方式，只要不傷害他人、不損害他人利益，這就是他的自由，其他人沒有權力指責。

當然，提出意見可能是出自好心與善意，問題是，別人真的需要這些意見和建議嗎？當別人不需要，而你強加給別人，對方可能會跟你作對。就算你真的發現別人的錯誤，也沒必要高高在上地指出來。

用討論的方式去說才能緩和話語的鋒芒，不會讓人覺得太苛刻。例如，看到有人偷懶不收工作桌，如果直接說：「喂，你竟然懶到這種程度，連桌子都不會收？你被老闆罵別說我沒提醒你！」這一定會讓對方不高興。但換個說法：「小張，你桌子好像有點亂，老闆看到可能會有意見，你要不要先收拾一下？」這種方式就友善多了。

上述也說明了一件事：不要隨便好為人師。除非對方向你請教，你才能大膽給出意見，否則隨便對人指指點點只會破壞關係。寬以待人，嚴於律己，無論何時這都是一個高情商的行事法則。

法則六：適時重複對方的話語

每個人都有一種「渴望被肯定」的心理。也因此，說話如果被認同，這種心理就會得到滿足，從而產生愉悅感。我們跟別人相處時如果能肯定一下對方，對方想必會非常感謝。

其中有一個做法，就是重複對方說的話。例如，朋友說他昨天完成老闆交派的一項任務，提升了公司的業績，如果你接著說：「你說你用自己的能力，幫助老闆完成了一項任務，讓公司的業績獲得提升嗎？」朋友聽到你這麼說，會回答你「是的」，然後你才說「了不起啊」，那他一定會很開心——就算你重複的意思跟他的意思別無二致。

千萬不要認為這種重複只是浪費時間。這個做法表現出兩個特性：第一，你在認真聽對方說話；第二，你在理解對方說話的意思。

有時你可能不明白對方說的話，所以用自己的語言重複一遍，整理出清晰的頭緒，這樣不但能更理解意思，也能激發對方傾訴的欲望。這是建構良好關係的關鍵因素。例如，別人跟你訴苦，你說：「我知道你現在很傷心，那些情況一定很讓人難過。」對方會感覺你有認真聽，也在關心他。安慰人一定要懂得了解對方的難處，而想了解要學會傾聽，想傾聽則必須知道對方的意思。適時重複對方的話語，就能夠做到上面這幾點。

法則七：先別急著解釋

做錯事，最正確的做法是什麼？當然是第一時間真誠地道歉。為了面子、為了維護那脆弱的自尊心，而不斷辯解，越說越激動，最後情緒失控，那麼人際關係遲早只會更不如你意。

有些人遲到了連抱歉都不說，見面就直接解釋「哎呀，塞車塞了好久」、「哎呀，突然有人叫我做事」、「哎呀，跟同事吃飯吃太久了」，你認為等了這麼久，這種辯解會讓人好受一點嗎？

這種情況下，越是為自己的錯誤辯解就越讓人生厭。儘管遲到的原因並非可控範圍，但不辯解、直接道歉才能真正緩解焦躁情緒。而且，其實發生這些事也可以提早說明，不是嗎？所以，當你有某些原因而不得不遲到時，見到朋友就應該第一時間道歉：「不好意思，讓你等這麼久！剛才突然塞車塞了好久，所以來晚了。希望你別介意，下一次我會提早出門的，不好意思！」

有些事情可以辯解，像是有人誤會你、錯怪你，你可以為了維護聲譽而解釋，但如果是讓別人不快的其他事情，就最好真誠地道歉。道歉要不了性命，反而還會讓人覺得你是個有擔當的人。

法則八：根據社交距離進行交談

同事下樓吃飯，你希望他順便幫你買飲料，以下哪種說法比較好？

A. 小張，等一下你下樓吃飯，幫我買瓶飲料回來。
B. 小張，等一下你下樓吃飯，可不可以順便幫我買飲料回來？先給你十塊錢。謝謝啦！
C. 小張，聽說你等一下要下樓吃飯，那你幫我買瓶飲料回來好嗎？拜託啦，我不想下去啊！求求你好不好？

不同表達也會給人不同感受，心理感受則關乎我們的社交距離。第一種說法，如果是老闆或父母這樣對你說，你不會覺得不妥，但如果說話的人是同事，一般人都會反感，因為這超出了社交距離；第二種說法比較中性，既不強求也不哀求，是平等、大方、禮貌，大多數情況都適使，但不能用於老闆或者一些長輩；第三種說法有點低姿態，如果只是偶爾哄哄熟人幫助，完全沒問題，但如果對不熟悉的人這樣說則會顯得「另有所圖」。

根據社交距離來交談，言辭用語也該做適當調整。一般情況下，面對不太熟悉、社會地位又相差不大的人，盡量選用第二種說法。既不會一副高高在上，也不會需要自我貶低去哀求別人。

其實社交距離無時無刻都存在。跟家人可以借一萬塊，而跟朋友或許只能借一千塊；跟很熟的同事會相互幫忙，但關係如果還不熟，貿然麻煩別人可能會超出社交距離的行動範圍。應用在說話上也是如此。跟好友可以隨意開玩笑，但面對不熟的其他人，玩笑或許是一種冒犯。任何時候，懂得根據社交距離來談話，隨著關係發展，慢慢變換和調整說法，才能做到真正的高情商。

這八條法則，只是人際交往的高情商談話之中的小部分，卻也是最基本的部分。掌握它們，生活會更加順遂有愛；忽略它們，生活或許會麻煩不斷。但怎麼做，做得好不好，最終取決的還是自己。

一起來　思 034

用說話改變人設的「最高口才訓練法」

流量百萬的說話之道！從聲音、邏輯到情商，一開口就動聽的 7 堂流利表達課

作　　者　陳慕妤
主　　編　林子揚
編輯協力　林杰蓉

總 編 輯　陳旭華 steve@bookrep.com.tw
出版單位　一起來出版／遠足文化事業股份有限公司
發　　行　遠足文化事業股份有限公司（讀書共和國出版集團）
23141 新北市新店區民權路 108-2 號 9 樓
電話｜02-22181417　傳真｜02-86671851
法律顧問　華洋法律事務所　蘇文生律師

封面設計　林采瑤
內頁排版　宸遠彩藝工作室
印　　製　通南彩色印刷有限公司
初版一刷　2022 年 11 月
初版四刷　2023 年 07 月
定　　價　420 元
I S B N　9786269660117（平裝）
9786269660124（EPUB）
9786269660131（PDF）

國家圖書館出版品預行編目（CIP）資料

用說話改變人設的「最高口才訓練法」：流量百萬的說話之道！從聲音、邏輯到情商，一開口就動聽的 7 堂流利表達課 / 陳慕妤著 . -- 初版 . -- 新北市 : 一起來出版 : 遠足文化事業股份有限公司發行 , 2022.11

面 ; 14.8×21 公分 . -- (一起來思 ; 34)

ISBN 978-626-96601-1-7(平裝)

1. CST: 口才　2.CST: 說話藝術　3.CST: 溝通技巧

192.32　111014868